DISCLAIMER

The author and publisher are providing this book and its contents on an "as is" basis and make no representations or warranties of any kind with respect to this book or its contents. The author and publisher disclaim all such representations and warranties, including but not limited to warranties of merchantability. In addition, the author and publisher do not represent or warrant that the information accessible via this book is accurate, complete, or current.

Except as specifically stated in this book, neither the author nor publisher, nor any authors, contributors, or other representatives will be liable for damages arising out of or in connection with the use of this book. This is a comprehensive limitation of liability that applies to all damages of any kind, including (without limitation) compensatory; direct, indirect, or consequential damages; loss of data, income, or profit; loss of or damage to property; and claims of third parties.

This Book Offers Free Bonus Puzzles

Available Here:

BestActivityBooks.com/WSBONUS20

5 TIPS TO START!

1) HOW TO SOLVE

The Puzzles are in a Classic Format:

- Words are hidden without breaks (no spaces, dashes, ...)
- Orientation: Forward & Backward, Up & Down or
  in Diagonal (can be in both directions)
- Words can overlap or cross each other

2) LEVEL UP THE GAME!

A space is provided next to each word to write new ones, translations or notes. We also offer a convenient **NOTEBOOK** at the end of this edition. It can help you organize your annotations, new words and/or observations.

3) TAG YOUR WORDS

Have you tried using a tag system? For example, you could mark the words which have been difficult to find with a cross, the ones you loved with a star, new words with a triangle, rare words with a diamond and so on...

4) EASY TO CUT!

The Puzzles come with an Extra Large margin to easily cut the page out of the book. Some people may feel it more convenient to solve them this way.

5) FINISHED?

Go to the bonus section: **MONSTER CHALLENGE** to find a free game offered at the end of this edition!

Want **more fun** and activities to **relax? It's Fast and Simple!** An entire Game Book Collection **just one click away!**

Find your next challenge at:

BestActivityBooks.com/MyNextWordSearch

Ready, Set... Go!

Did you know there are around 7,000 different languages in the world? Words are precious.

We love languages and have been working hard to make the highest quality books for you. Our ingredients?

One part easy-to-read print, three parts entertainment, then we add some challenging words and a pinch of rare ones. We brew them with care to serve you lots of fun and an opportunity to solve the best puzzles.

Your feedback is essential. You can be an active participant in the success of this book by leaving us a review. Tell us what you liked most in this edition!

Here is a short link which will take you to your Amazon orders review page.

BestBooksActivity.com/Review50

Thanks for your fidelity and enjoy the Game!

Delta Classics Team

Puzzle 1

```
O I T É T R E B I L S A S G T
S O X M Q Z L G C G U R O R Y
O O W O E N R O U L É T U V P
B O L T T Y O X N Z E I V M I
T D C I D Ê R I N E V C E O Q
P W X O M O T B O G P L N S U
Z H D N L E U E C Y E E T I E
C F A N G B O X S E P M E M M
E X U E R É I S S U O P H E Z
L X U L D E N S E D J S C N B
L E N L O U V R I R X X É N R
U F R E T N E M U G R A D E I
L C R O I S S A N C E I P H Z
E C O N N E X I O N W N Y D G
```

ÉMOTIONNELLE	VENIR
CELLULE	LIBERTÉ
ARTICLE	ENROULÉ
DÉCHET	CROISSANCE
DOUX	CONNEXION
CONNU	ENNEMIS
TÊTE	OUVRIR
TYPIQUE	DENSE
POUSSIÉREUX	SOUVENT
MINCE	ARGUMENTER

Puzzle 2

```
C J F M T R C O R P S R V W L
O D E Z N E I C I N A C É M I
U A U K P R O V P G Z N L S M
R F T I F É F R A R E F E P O
S O R O P P M I N G H K Q M N
E U E D N O F O R P E G T E A
J R E T O O C S C J N L S T D
C C K E I C K V B Y K Z G N E
R H C A R O T T E H C V I I I
I E G R A N D P È R E L N R A
E T P O U R S U I V R E E P Z
R T A P P A R T E N I R Z F M
D E O E Y E E N J V O J E V E
F S H D H Z U P E N T E J Q U
```

FEUTRE	CAROTTE
AIGLE	GRAND-PÈRE
COOPÉRER	CYCLE
CORPS	MÉCANICIEN
FOURCHETTE	PRINTEMPS
PROFOND	SCOOTER
COURSE	PENTE
LIMONADE	FERA
CRIER	POURSUIVRE
APPARTENIR	RIVAGE

Puzzle 3

```
D O H F R U Y I A W J K J R T
A E E A O Z U N G K K T R C D
N B R C U A E T U O C W Z I O
G T M I H D K É T A S S E N S
E F I L Y C L R I O V E D É Q
R S N I G V E Ê X U G L N M U
E U E T M Q G T B B Q C O A C
U R P É P I N C E A U H M B O
S A A C T I V I T É E U Z N E
E G V U C K H O F Z T L R M U
M I U B D H I N L F S N L Y R
E T L S H K O I H S A G N I I
N E C X W H L U N E V D L A M
T R E T S U J A B É T A I L T
```

COEUR
HERMINE
MONDE
VENU
AJUSTER
BÉTAIL
CINÉMA
MILLE
ACTIVITÉ
FACILITÉ

TASSE
DEVOIR
CHOU
DANGEREUSEMENT
VASTE
AGITER
PINCEAU
SUR
INTÉRÊT
COUTEAU

Puzzle 4

```
D D E B A L L O N S T L O V P
E N A T A T I O N O S I R P E
C N L K T E K S A B H U Q E N
K A N J N W G K H K Q E U S S
S H M U A C O V S V X B E T É
E P X P Y O F F I C I E R A E
S H O U A É T I R O J A M N I
T I I R H G V E U L E N T D N
O Z E F T X N C O M P O S É S
M L H Q N C C O D I J K H N P
A L Q R I S O I L M Q N G Q I
C T X A V E N T U R E U X P R
A O Y K V Ê T E M E N T S C E
C O N F I A N T F S T M Q P R
```

BASKET	PRISON
AVENTUREUX	BALLONS
PENSÉE	CAMPAGNOL
SPORT	STAND
VEULENT	INSPIRER
OFFICIER	ESTOMAC
COMPOSÉ	MAJORITÉ
NATATION	VÊTEMENTS
AYANT	ENNUYÉ
CONFIANT	VOLTS

Puzzle 5

```
W M P D Q E P C J P R X C T H
B U É R V F L O Y A Ê E H R M
F L Q D E P R M N S V T X A A
J N J F I S L Y J T E N V N R
F O S S É A S C A C H E R S G
F I Q R W H T É K J P G H F U
R J Q C C G C I G Z R I J E E
E Y O J E R A J Q G G L Q R R
L É Z A R D F S D U L G D T I
È Y G O È M É P U C E É D I T
D Z V B S A H A R E G N A M E
I D E T I M I L G P O U C E H
F L D Z M M Y S T È R E S M G
R E S P O N S A B I L I T É Z
```

MANGER	LÉZARD
PRESSÉ	CAFÉ
MISÈRE	TRANSFERT
NÉGLIGENTE	POUCE
MARGUERITE	LIMITE
RESPONSABILITÉ	FOSSÉ
MYSTÈRES	PONT
IDÉE	PAS
RÊVE	MÉDIATIQUE
FIDÈLE	CACHER

Puzzle 6

```
S  E  S  U  E  I  R  U  F  A  V  C  Y  Y  E
W  L  I  U  E  T  U  A  F  Q  L  O  N  I  D
O  F  X  H  P  H  C  W  P  U  W  L  U  P  H
H  N  B  N  H  H  Q  A  S  P  N  O  E  S  J
R  E  L  B  A  R  É  S  I  M  O  S  M  R  T
E  C  M  I  S  S  I  O  N  R  N  R  S  Z  H
G  N  D  E  S  S  I  N  E  R  O  M  T  F  W
C  E  R  F  V  O  L  A  N  T  R  V  A  E  E
L  R  T  O  U  T  I  B  H  U  D  T  N  H  R
K  É  H  T  G  B  Y  U  C  U  O  E  A  C  Q
R  F  N  V  X  A  W  F  U  W  C  N  L  Ê  K
E  F  U  P  J  U  H  O  M  M  E  I  Y  P  B
R  I  M  O  M  E  N  T  F  I  W  R  S  Y  P
T  D  Y  D  C  Q  N  Y  C  X  D  I  E  P  S
```

DESSINER	FAUTEUIL
PÊCHE	RAPPORTER
DIFFÉRENCE	NID
TENIR	HOMME
MOMENT	NORD
VOUS	MISSION
TOUT	THÉ
CERF-VOLANT	-ALLER
MISÉRABLE	SOLO
ANALYSE	FURIEUSES

Puzzle 7

```
D  S  L  H  G  E  C  A  F  A  D  U  E  Y  C
O  P  C  I  K  R  S  I  M  Q  N  H  L  F  O
N  Z  R  S  E  S  Â  C  N  Q  N  N  L  D  N
C  B  X  T  E  N  Z  C  R  U  E  N  I  M  S
U  H  H  O  X  B  N  R  E  I  L  B  U  O  É
R  S  Z  I  R  K  M  M  O  T  M  S  G  S  C
E  H  S  R  S  M  P  T  O  S  L  E  I  I  U
C  T  L  E  S  F  X  R  W  C  I  X  A  È  T
A  T  T  E  I  G  N  E  N  T  T  N  C  G  I
L  C  S  U  C  C  È  S  P  A  F  T  G  E  V
P  V  C  O  U  P  L  S  E  S  U  C  X  E  E
É  E  U  N  A  Z  T  A  P  L  E  U  R  E  R
D  R  F  A  C  U  U  C  W  I  E  S  X  G  F
W  N  L  I  I  U  G  R  O  S  E  I  L  L  E
```

CASSER	COUP
DONC	SIÈGE
HISTOIRE	DÉPLACER
SUCCÈS	VER
AIGUILLE	MINEUR
EXCUSES	FACE
CONSÉCUTIVE	OUBLIER
ESCRIME	ATTEIGNENT
PLEURER	GROSEILLE
GRÂCE	SINGE

Puzzle 8

```
T C O N S T R U I R E T G J Y
O E L U M R O F F L T W S I S
P Y C B C Y B K C P N T M Q H
S B V H I N O I S S A P M O C
Q T O I N Q K Q O U T E N H Q
F M Y Z D I Q I C L R R A I U
I Z O L K B Q C X A O U Q B A
U U I I E B J U W C P G A O N
A P P O R T É R E T M I I U T
E V I O L E N C E U I F K E I
S E U Q I F I T N E I C S T T
É M A X I M U M B L I Q C U É
R E R I A T A B I L É C G A I
R E N C O N T R É E R X L F W
```

STYLE
TECHNIQUE
VIOLENCE
RENCONTRÉ
FAUTE
FIGURE
APPORTÉ
RÉSEAU
SCIENTIFIQUE
BIOLOGIE

MAXIMUM
FORMULE
CÉLIBATAIRE
COMPASSION
POT
HIBOU
ACTUELLE
QUANTITÉ
CONSTRUIRE
IMPORTANT

Puzzle 9

```
E  I  G  X  S  J  É  N  C  S  A  V  O  I  R
P  Z  D  U  A  O  T  É  R  A  E  N  Â  X  M
R  U  Y  E  G  Y  R  C  A  L  P  C  U  E  M
P  R  I  S  E  E  A  E  P  I  U  I  O  V  V
Z  E  I  S  S  U  N  S  P  B  P  K  T  U  J
X  U  N  E  S  S  G  S  E  E  J  I  U  A  É
É  N  T  R  E  E  E  A  L  L  P  O  L  C  L
T  I  E  A  U  M  S  I  E  L  O  S  U  Y  L
U  M  R  P  M  E  E  R  R  U  S  E  D  R  Q
D  I  A  Y  S  N  S  E  Q  L  S  M  Â  L  E
E  D  G  W  F  T  D  T  X  E  I  Q  C  G  W
V  R  I  G  O  P  Q  U  G  B  B  I  H  G  Z
M  E  R  X  R  J  F  H  N  G  L  H  U  Q  A
V  V  D  C  T  I  S  C  H  L  E  H  G  N  O
```

FORT	DIMINUER
RAPPELER	SECOUÉ
INTERAGIR	SAGESSE
CHUTE	PRIS
LIBELLULE	PARESSEUX
AVOIR	ÉTRANGES
POSSIBLE	JOUR
NÉCESSAIRE	CAPITAL
ÂNE	MÂLE
JOYEUSEMENT	ÉTUDE

Puzzle 10

```
C B F S V L T T É M P S I R P
R O L G P V M R G O E O I E Ê
É Y U O E Z P O L R R Y Y R C
S I C R C S D N I S R E K O H
U P O B A S T C S U O U S L E
L D N N C G S I E R Q X X P U
T I V A J V E M O E U G X X R
A N E T W D T U T N E D N E V
T C N I P I G E S X T B U N S
Q I A V Z H E H R E R É G I D
G D B E S T U P I D E H Y H X
G E L G A V É R I F I E R C K
L N E S W J D V M Q G B R A Z
J T T Q T K A G I R Y C K M Z
```

TRONC
PERROQUET
INCIDENT
TEST
VÉRIFIER
PÊCHEUR
MACHINE
DIGÉRER
COURAGEUSE
NATIVE

STUPIDE
BLOCS
SOYEUX
VENDENT
GESTION
EXPLORER
ÉGLISE
MORSURE
CONVENABLE
RÉSULTAT

Puzzle 11

O	B	D	Q	K	M	É	C	L	A	T	É	Y	H	D
P	I	R	E	I	H	A	C	F	A	C	T	E	U	R
R	K	G	C	B	O	T	K	H	I	T	E	F	C	L
E	J	P	N	I	R	U	E	R	R	E	Y	O	C	V
S	Y	O	E	O	U	I	E	N	I	C	E	D	É	M
S	C	U	U	H	N	H	L	A	C	I	D	É	M	P
I	A	D	Q	W	F	D	B	L	R	O	X	E	R	A
O	R	R	É	A	A	L	I	Y	A	O	S	X	Y	S
N	T	E	S	N	D	A	S	N	P	N	J	D	C	T
P	E	H	B	T	C	P	I	O	O	O	T	E	A	È
V	N	T	N	E	M	M	A	E	G	I	L	B	O	Q
J	F	A	I	B	L	E	P	U	O	L	Q	V	J	U
S	É	C	U	R	I	T	É	E	B	E	F	R	M	E
E	F	F	O	N	D	R	E	M	E	N	T	U	Q	B

CAHIER	PAR
ÉCLATÉ	FACTEUR
PRESSION	LOUP
POUDRE	OIGNON
OBLIGEAMMENT	MÉDICAL
SÉCURITÉ	FAIBLE
PASTÈQUE	BRILLANT
PAISIBLE	CARTE
SÉQUENCE	ERREUR
MÉDECINE	EFFONDREMENT

Puzzle 12

```
P D X G L V H G J P Q Y Y I P
V L A T N E D I C C O B S N Q
O R J B K I X U C W M I A N O
G G F I E E U D T Q W D N Q H
R E C O M M A N D E R U A T T
A N R K M W E S E É R T N E U
G C Z D A S S C Y M E V A J C
E M T O N T I È P U L J Z O I
N O U I S I C N V F K R T R R
O Y Z L O R E E R V I U S P C
U E Y T A N R P T O M B E R U
N N P E R F O R M A N C E S L
M O N T É E P E U T Ê T R E E
T P O H S J P N O I T A L E R
```

SCÈNE	OCCIDENTAL
GENOU	CISEAUX
RELATION	POINTU
ANANAS	ENTRÉE
FUMÉE	CIRCULER
MOYEN	TOMBER
PEINDRE	PERFORMANCE
SUIVRE	RECOMMANDER
-PEUTÊTRE	ACTION
PROJET	MONTÉE

Puzzle 13

```
R Z O F U X X M M E L S U Z S
U M X Y B I D I M S È R P A B
E O L N I O Q L I R S D T S Z
R R A X U F W L Q X C N E J Y
N I C Y M T N E I D É R G N I
U U D U A H C P C J X X M J G
T F A E F K J A C R A V A T E
I T K G A Y W T F É R O C E C
L I F T E U S T H A M S T E R
E R M M A U X E D N I G W E N
Q É G B Z N X S N E S R R K E
P R O P A G A T I O N I J A P
P E R M I S S I O N D M G I S
V D É F E N D R E F H E I T L
```

HAMSTER	RIDEAUX
UTILE	GRAS
PERMISSION	MILLE-PATTES
INDEX	LAC
NUAGEUX	RUE
PROPAGATION	APRÈS-MIDI
TIRÉ	SENS
CRAVATE	CHAUD
RIME	INGRÉDIENT
FÉROCE	DÉFENDRE

Puzzle 14

```
O L A I S S E R R E S T E R P
I Y X W I U D L I L O G H C R
D G X X W U X G K E B M B Y É
M A J Q K O U Q C É P N P H O
W R N C A N A R I N É C C F C
P R O P R E F R M G T G G V C
A P L A Q R C E A I A S S E U
Q E L O L V R R N O T H Y X P
K V A J I U I É U P V C C R A
B Z B Q E O M F E N G I Q Q T
P J E U N E E É L N A A E F I
R E E T U S E R V I C E R S O
F F Y W Ô Z S A F A A E V S N
R P E L N T I A Z P N F H F W
```

RESTER	JEUNE
OUVRE	CRIME
VIES	CANARI
BALLON	PROPRE
PRÉOCCUPATION	ÉTAT
LAISSER	RÉFÉRER
GARS	SERVICE
ESSAI	TÔT
MANUEL	FAUX
PAIN	POIGNÉE

Puzzle 15

```
D Y R T R I L B A T É W F J J
V Y Q Q L N B E A U C O U P X
C P I V A D P O U R Q U O I A
U V W S R U O H N A C P M R W
G A R F É S E R V I L D G E Q
T É K D D T X T E M P Ê T E R
B R O O É R E N F A N T P S M
T Z A G F I T D F F I V I U A
R J X G R E R T I T P L K O C
J M H V I A K R R G A N N L A
J D T M K Q P G R M L K T E R
L E B D E I U H U G H Z M P E
P A R M I C G E I U T T J P U
T R O P I C A L E E M L A C X
```

TEMPÊTE   MER
INDUSTRIE   LAPIN
PARMI   CALME
TITRE   ENFANT
FÉDÉRAL   ÉTABLIR
OURS   LIVRES
BEAUCOUP   POURQUOI
PELOUSE   GÉOGRAPHIE
MACAREUX   TRAGIQUE
GAZ   TROPICALE

Puzzle 16

```
R Y H Z P O H C A R I B O U I
R C O N F O N D R E T O N R J
A S W U M G E A C Z H F X E U
E R È L L I U C E B U K V I C
T R N V I K W H H M T D F L O
U L R S F Y M L C A U G Z U R
A D K A T I J Q A L P M D C R
E É N G M T E F V F E I T I E
T O T E U Q I T S A L P T T C
A R D A T N P V R E T I A R T
B O H R I N I F N A U R H A E
I S M Z V T E M Ê M I O S P V
N O U R R I T U R E Z B L H X
K X P E R M I S S T A T I O N
```

CONFONDRE	CORRECT
ENTENDU	SOI-MÊME
CHAPITRE	ÉTAIT
NOURRITURE	CUILLÈRE
PERMIS	NOTE
VACHE	BATEAU
TRAITER	SAGE
PARTICULIER	FINIR
CARIBOU	PLASTIQUE
STATION	FILM

Puzzle 17

T	O	U	R	N	E	R	D	G	H	T	S	I	H	I
E	C	Z	I	Z	G	R	É	R	A	A	A	V	A	O
U	L	U	O	H	B	Y	R	A	R	X	N	Y	B	G
U	G	T	E	D	I	V	A	P	I	I	S	Q	I	L
É	J	I	S	A	J	W	N	H	C	N	G	É	T	I
V	P	N	S	D	K	P	G	I	O	X	J	V	U	S
P	B	A	A	X	V	V	E	Q	T	P	B	I	E	S
U	L	M	I	L	T	N	R	U	J	H	X	T	L	E
S	O	K	F	S	Z	A	D	E	T	D	L	E	L	R
A	C	H	E	M	I	S	I	E	R	W	H	R	E	K
G	R	A	D	E	M	M	O	P	K	W	X	Y	M	L
X	L	U	E	U	R	E	M	U	S	É	R	A	E	Y
B	U	F	F	L	E	G	L	A	C	E	K	D	N	O
C	A	N	N	E	L	L	E	O	W	N	X	C	T	A

GLACE	GRADE
AVIDE	TOURNER
TAXI	SANS
BUFFLE	ÉPAIS
ASSEOIR	HABITUELLEMENT
POMME	RÉSUMER
GRAPHIQUE	DÉRANGER
CHEMISIER	GLISSER
CANNELLE	ÉVITER
LUEUR	HARICOT

Puzzle 18

```
M Z P A R T I C I P A N T F I
C A P R É S E R V E R W A A Z
H C I U W G L I P A Y S V B E
A D O S R E F L É T E R B R U
C V A N O M O D E R N E L I X
U L J B C N N O M M E R J C M
N C O Y S E R È I N R E D A Ê
R E U Q I D N I B D V W E T M
S É P A U L E T S I G N E I E
I O R E P É R É R J V I I O S
A Q I W Q N J N D E O M T N R
N H L G V T Y D W E R R R G M
A S D U N L J V X E X R A X Q
P A F H L É Y O V N E I P Q Y
```

SOIGNÉ	CONCENTRER
MAISON	PRÉSERVER
EUX-MÊMES	MODERNE
CHACUN	NOMMER
ENVOYÉ	PARTICIPANT
PAYS	-INDIQUER
DERNIÈRES	REPÉRÉ
PARTIE	SIGNE
FABRICATION	ÉPAULE
REFLÉTER	PANAIS

Puzzle 19

```
P  T  H  É  O  R  I  E  F  H  F  V  L  C  É
K  O  M  F  É  X  H  I  G  O  E  G  G  O  C
W  É  S  Z  U  D  W  G  Z  D  R  Y  J  M  H
X  T  I  T  Q  D  G  N  D  K  X  C  E  M  E
W  A  R  N  I  J  S  O  N  N  H  L  E  U  L
T  P  P  E  L  E  V  R  A  K  B  Z  I  N  L
O  E  R  M  P  É  R  E  V  U  A  S  G  I  E
U  M  U  E  M  D  C  R  S  I  E  N  É  Q  N
J  O  S  M  O  V  P  H  B  I  R  A  T  U  V
O  U  T  Ê  C  Z  I  P  A  N  G  N  A  E  I
U  C  K  R  C  O  I  A  O  P  B  B  R  R  V
R  H  E  T  T  E  U  Q  O  R  P  Y  T  O  R
S  E  R  X  I  R  P  S  Z  K  D  E  S  D  E
L  X  E  E  R  I  D  R  E  T  N  I  R  V  W
```

COMPLIQUÉ	ÉTAPE
ÉCHELLE	PRIX
SURPRIS	COMMUNIQUER
STRATÉGIE	INTERDIRE
TOUJOURS	IGNORER
ROQUETTE	THÉORIE
POSTIER	MOUCHE
EXTRÊMEMENT	SIEN
VIVRE	SAUVER
FORCE	ÉCHAPPER

Puzzle 20

```
B  P  E  U  R  D  F  T  S  R  E  V  A  R  T
X  A  R  É  E  L  I  R  A  U  R  S  I  T  I
D  Q  D  J  N  R  L  O  U  L  I  V  D  R  U
U  I  P  G  Y  U  L  U  C  P  E  V  E  A  H
S  K  S  O  E  J  E  V  I  O  N  F  N  D  S
P  S  C  C  R  V  S  É  S  R  K  X  T  I  I
R  O  X  B  U  T  A  V  S  T  Z  N  I  T  M
E  O  O  R  I  S  E  Z  E  I  Q  R  Q  I  P
B  V  O  L  T  T  S  I  S  O  B  E  U  O  L
P  O  I  S  S  O  N  I  L  N  P  L  E  N  E
F  A  T  I  G  U  É  X  O  G  È  L  Z  N  M
F  O  P  Z  J  M  T  Z  C  N  R  E  E  E  E
T  H  M  V  L  I  Q  A  J  D  E  N  T  L  N
T  O  N  H  G  Y  D  X  M  Z  U  B  Q  L  T
```

HUIT	RIEN
DISCUSSION	POISSON
TROUVÉ	PEUR
FILLES	SAUCISSES
FATIGUÉ	ELLE
TRADITIONNEL	BADGE
RÉEL	IDENTIQUE
PORTION	TRAVERS
PÈRE	SIMPLEMENT
ORTEIL	SKI

Puzzle 21

```
H K G B Q M N N E C U S O L S
L U V H A C A S K É C Z M U O
Q U P A L T W T V L A S J C I
E X É L A D A O V E D M V I G
M B R E L O V I E R O S T O N
S G I T N B S D L I H S G L E
E K R O E G V I U L S L L E U
Q A Q M S D È B J J E N I G S
L È V R E L Ô R D U D R È N E
R L I U E R U C É L U E V A M
Z N X D Y B U Y X B T G R R E
H E V D T Z C U Z N É N E O N
V I B S M O N T E R W A U V T
E N D O R M I E J P B D M J J
```

BATAILLER	DANGER
ENDORMIE	DRÔLE
ÉTUDES	PEU
ÉCUREUIL	IDIOT
LÈVRE	SOIGNEUSEMENT
MOTEL	ORANGE
RÈGNE	VOLER
CÉLERI	PÉRIR
DUR	MONTER
LUCIOLE	LIÈVRE

Puzzle 22

```
V A C É P I E D S T O J Z L C
A B T S L I N T E R V I E W O
C K N O E E R O L I W V M E M
A E A U T R C Q T W P P S V P
N V V M Ô U P T N E D U R P L
C P A E H D R E R S O U D E È
E R R T C É O M C I F B N L T
S É R T B C D M W O Q M O P E
N P Ê R J O U Ê V T M U X X M
Y A T E S R I L N O V P E A E
P R E R R P T É R M H K R P N
A E Z N L M B S S N W G I I T
Z R W M O U L I N F M P O W S
M A L A D E I G Y V I T S W Y
```

AVANT	PIEDS
MALADE	COMPLÈTEMENT
PRODUIT	SOUDE
EMMÊLÉS	VACANCES
HÔTEL	INTERVIEW
MOTO	PRÉPARER
COMPRIS	PRUDENT
ARRÊTEZ	SOIR
ÉLECTRIQUE	SOUMETTRE
PROCÉDURE	MOULIN

Puzzle 23

```
R F O N D S T X L S Q S H S P
S E L L E P P A R A K L A E L
U I S Y L J B L G L I P X M U
F N J T L L B O C Q U N P B T
F S F N A P I G N E H C E L Ô
I T V I B U Q M Z J L Y M E T
S A Z E T D R U A G O B U R M
A B Q R O D I A C N N U S A A
N L U T O G X Y N I N A R J T
T E E É F A G E E T P M O C R
V A M P I R E P R E S Q U E E
X C T C E I N T U R E Y G Z N
I M P R E S S I O N N E R Q T
S I L E N C E T R O M P E R E
```

RAPPELLE	SILENCE
SEMBLER	BONJOUR
FOOTBALL	COMPTE
IMPRESSIONNER	LAINE
INSTABLE	QUE
PRESQUE	RESTAURANT
SUFFISANT	VAMPIRE
PLUTÔT	CEINTURE
FONDS	TRENTE
TROMPER	ÉTREINT

Puzzle 24

```
D U U U A E R I O P P I P V T
É R E R T N O M É D A N O R R
F C R X É S X I E R G Q L S A
I H U B F P O I K G E U I E Î
N A T N J V O L E S N I T I N
I U Ô O G I W U E U X E I N E
R S L L I T M Z S I X T Q S A
D S C A V A V U D E L U U E U
W E H T S M T C J T O A E N V
O T A N O I T A R É P O D S U
F T U A C N O I S I C É D É U
S E Q P M E I M O M P F H L G
H V R V E S S A L C B N B X V
T M C O N F O R T A B L E Q E
```

POLITIQUE	VITAMINES
CLÔTURE	CONFORTABLE
MOMIE	TRAÎNEAU
ANXIEUX	CHAUSSETTE
DÉMONTRER	OPÉRATION
CLASSE	PANTALON
DÉFINIR	DÉCISION
ÉPOUSE	SOLEIL
POIREAU	INSENSÉ
PAGE	INQUIET

Puzzle 25

```
T  B  C  Q  V  W  P  Q  O  F  K  Y  F  E  B
D  W  K  N  D  S  D  É  U  R  U  O  M  A  E
I  M  P  O  R  T  E  R  R  O  S  J  M  Y  W
K  N  O  I  E  E  G  R  A  I  E  C  O  P  B
O  H  B  T  L  P  N  A  G  D  M  B  O  O  C
M  F  I  A  Û  L  O  C  A  K  R  N  G  R  T
F  E  F  N  R  X  P  S  N  G  E  I  U  E  E
I  L  R  I  B  A  É  C  H  A  T  O  N  N  P
J  L  P  L  C  T  T  D  I  N  D  E  I  G  U
G  E  C  G  E  I  R  F  I  I  L  C  V  A  O
X  B  X  C  M  S  E  B  H  I  U  H  S  G  S
Q  D  T  T  Y  S  P  L  G  F  J  G  O  S  S
H  G  U  L  V  D  X  G  A  R  D  E  R  C  C
C  E  X  J  U  P  E  I  Z  P  U  G  M  A  F
```

ÉPONGE	NATION
AMOUR	BELLE
TERMES	DINDE
SCORE	BRÛLER
GAGNER	IMPORTER
OFFICIEL	SOUPE
MERLES	GARDER
EXPERT	FROID
OURAGAN	CARRÉ
CHATON	JUPE

Puzzle 26

```
H  D  N  Y  S  Y  E  C  C  U  L  T  U  R  E
É  S  N  O  L  G  N  O  C  I  Z  S  Z  M  H
S  Y  Y  Z  M  R  A  Q  N  D  L  T  I  A  F
I  S  U  R  V  E  I  L  L  E  R  G  C  R  H
T  R  J  F  T  H  P  M  G  J  H  Q  O  Q  O
E  T  U  T  I  T  S  B  U  S  F  V  R  U  U
R  E  R  C  A  S  N  O  C  V  P  V  V  E  X
C  P  M  T  F  J  Y  P  D  C  Q  M  É  P  C
Z  C  N  J  R  X  H  X  X  B  O  C  E  U  O
U  S  K  I  A  S  V  É  R  U  E  L  P  T  C
Z  S  C  U  P  L  D  C  W  C  N  T  L  U  H
T  R  A  N  S  V  E  R  S  A  L  E  F  E  O
N  R  O  S  Q  H  N  Z  X  M  Z  T  I  I  N
P  A  R  D  O  N  N  E  R  T  S  B  L  I  W
```

CORVÉE	COQ
MARQUE	FIL
PARDONNER	PLEURÉ
CULTURE	SUBSTITUT
COCHON	PARFAIT
COLLE	NOM
CONSACRER	ONGLONS
TEMPS	FAIT
HÉSITER	TRANSVERSALE
SURVEILLER	HOUX

Puzzle 27

```
E  T  Z  J  S  H  B  K  G  U  R  F  X  B  I
S  L  I  F  E  T  R  U  E  I  R  É  T  X  E
C  I  O  U  U  N  O  I  S  U  L  C  N  O  C
U  M  T  N  L  A  C  A  N  C  I  E  N  É  T
R  W  C  U  Q  P  O  C  L  E  J  M  O  T  E
T  N  I  D  A  E  L  Ê  R  G  H  È  I  A  N
U  F  D  W  G  T  I  P  X  X  N  I  T  G  D
Y  U  R  X  I  C  I  C  X  R  D  X  S  È  R
H  F  E  S  U  A  P  O  U  U  Z  U  E  R  E
G  E  V  R  Y  A  H  S  N  E  D  E  U  E  M
F  I  N  A  N  C  I  E  R  D  I  D  Q  D  E
P  L  R  O  E  Y  W  C  M  N  É  L  W  A  N
B  O  U  T  W  R  G  N  S  E  D  F  L  N  T
O  P  R  Z  D  Z  K  G  M  V  I  T  I  I  X
```

TENDREMENT	CONCLUSION
BROCOLI	SITUATION
PAUSE	ÉTAGÈRE
EXTÉRIEUR	GRÊLE
TRUCS	FINANCIER
DEUXIÈME	VENDEUR
VERDICT	CUEILLI
POLIE	SEUL
ANCIEN	DÉFI
QUESTION	FILS

Puzzle 28

```
C  T  É  L  É  P  H  O  N  E  F  N  P  D  Z
N  O  I  T  I  T  É  P  M  O  C  A  R  E  I
T  A  M  P  X  H  E  N  T  R  E  R  I  N  J
Q  E  N  M  M  G  X  V  K  M  V  T  V  T  H
L  O  X  N  E  R  T  Ê  S  A  J  M  É  I  U
X  F  R  T  É  N  U  C  U  A  D  W  L  S  T
O  P  T  V  E  E  C  G  A  Y  F  C  W  T  L
M  O  E  B  H  W  B  E  C  N  D  E  L  E  E
B  U  R  B  E  F  M  R  R  N  Q  N  O  S  S
Q  P  M  O  R  E  C  U  E  I  L  L  I  R  F
U  É  E  I  I  A  N  T  I  J  U  S  T  E  A
D  E  M  R  A  E  L  A  P  I  C  N  I  R  P
M  X  O  E  P  E  P  M  C  G  Z  B  Q  T  U
É  T  O  I  L  E  S  R  N  Z  L  G  R  J  I
```

BOIRE	ÉTOILES
COMPÉTITION	TEXTE
MATURE	PRINCIPALE
ÊTRE	AUCUN
POUPÉE	ANNÉE
TÉLÉPHONE	JUSTE
DENTISTE	ENTRER
COMMENCER	PRIVÉ
RECUEILLIR	ARME
TERME	PAIRE

Puzzle 29

```
E  X  I  S  T  E  R  R  E  M  I  R  P  É  D
D  É  C  O  U  V  R  I  R  M  T  S  R  N  U
L  U  H  W  R  Y  Y  F  Y  È  K  Q  E  G  Q
E  R  Y  D  U  F  A  G  X  R  L  J  M  P  H
S  O  M  M  E  T  W  J  S  E  X  W  I  E  U
S  T  Y  C  U  P  E  N  N  I  E  S  È  X  I
C  U  R  S  O  F  C  A  I  U  V  B  R  E  N
F  I  È  Z  J  L  N  P  B  T  W  N  E  R  V
M  I  G  D  W  E  E  S  S  I  A  L  S  C  I
E  R  A  W  E  U  D  X  K  S  T  M  M  E  S
N  P  J  B  B  R  I  F  A  A  P  F  H  N  I
A  C  P  X  L  H  V  O  C  A  G  J  K  T  B
C  Z  Y  Y  J  E  É  L  L  I  E  V  É  R  L
E  N  C  I  N  Q  U  I  É  T  U  D  E  A  E
```

MÈRE	ÉVIDENCE
INQUIÉTUDE	DÉPRIMER
JOUEUR	SOMMET
EXISTER	LAISSE
INVISIBLE	EXERCENT
SUÈDE	DÉCOUVRIR
FIABLE	PAN
MENACE	PENNIES
PREMIÈRES	MATIN
RÉVEILLÉ	FLEUR

Puzzle 30

```
I R F M N M B I U B O C C Y M
F I E T P R A O R A R E A G A
V R L F R M R I C E I Z S A T
D T I E W N M I O G G X S G I
D É C L A R E R U A N I É N È
C O É L Y T Q A L V A T X É R
A B B I P L U B O A L P E E E
L T M E L L A B I L N V Q Y X
M E I B D G L T R P E R S I L
A N M A T M I P O U S S E R A
R U A E R È T P O C I L É H U
I M P A C T É C O M B I N E R
B V T D E M A N D É J Q I F L
T Z V R Y A V L S T B A E R A
```

DEMANDÉ	IMPACT
MATIÈRE	DÉCLARER
GAGNÉ	ABEILLE
HÉLICOPTÈRE	BALLE
IMBÉCILE	CALMAR
PERSIL	LAVAGE
COULOIR	QUALITÉ
COMBINER	CASSÉ
POUSSER	OBTENU
EXIGER	ORIGNAL

Puzzle 31

```
D D C O U V E R T U R E A A Z
Y I E F E U I L L E N W I M C
D P F V S C L R R S O E N E H
G K Q F R C H C Y S I E J N A
M M D E É A H T O A S K J T N
U S É G R R I O O H I E F I G
B W C M G O E T C C V N B O E
H O R V E B R N V T É D Z N R
M N A B D X È B T O L I A N A
S A L L E T I Z N E É X P E V
E U T I D X F K U P T A O R R
C O M M E R C I A L J I R T L
D I R T E N O I T A V I T O M
T H È S E L G N A I R T É R G
```

MENTIONNER   CHASSE
DIFFÉRENTE   COMMERCIAL
CHANGER   CHOC
SALLE   LOT
TRIANGLE   DEGRÉ
WEEK-END   USÉ
THÈSE   DEVRAIT
COUVERTURE   MOTIVATION
PORTÉ   FEUILLE
FIÈRE   TÉLÉVISION

Puzzle 32

```
Q J B D E N G A G E M E N T A
M A D E S C E N D E N T T R S
É L L I E L O S N E T Y N V S
P L M U D N L S Y K Z O E Z E
A M O S I B R Û L É H É M L Z
S A I S G N I E M E L V E B A
S R N F I U M R T Z S A S D É
E I S K R V P B S N C L U E G
T É M V K J L M T A I U E V Y
E C I L O P I O Y U O A R I M
M F I R A T Q V H O Q T U N K
P L I H T Y U D W X S I E E L
S V W N Y C E B Y S P O H R S
Y D P I O K R T O P T N O R P
```

MOINS	BRÛLÉ
DESCENDENT	DEVINER
HEUREUSEMENT	FIN
OMBRE	TOP
RIGIDE	TOMBÉ
ENSOLEILLÉ	MARIÉ
IMPLIQUER	INTERNE
POLICE	PASSE-TEMPS
TARIF	ASSEZ
ÉVALUATION	ENGAGEMENT

Puzzle 33

```
T L O R R A M E D A C C O R D
E F C U E C C A M É L A N G E
C S C E M C Y U T A L P A L G
H A U S S O A D I C G I K G W
N D P I R M S W O V H R T Z A
O S E U O P Q B Y U R O L O K
L A R G L L J Q G O E E U A C
O D R I S I A L P P P Z X B H
G Z M A T R G R M Y N N Y I W
I P Z U T N E S É R P O G O D
E U Q S I R E É G N O L P U É
C I N Q U Z X M C O L O R É J
G K U A M I A J X T W W D Y À
T Z R V E N T R E P R I S E C
```

COLORÉ	PLAT
MÉLANGE	CINQ
AIGUISEUR	CUIVRE
ONZE	PLONGÉE
TAXE	RISQUE
PLAISIR	MATCH
ENTREPRISE	DÉJÀ
ACCOMPLIR	OCCUPER
PRÉSENT	TECHNOLOGIE
ACCORD	MENTIR

Puzzle 34

```
T F Y F E A M N E F B A B P D
G W B L D M E A L V B R O U É
D F S F E R B È L É C C U I C
L I V R E Z B Q N Z Z V T S L
F O R M E L L E M E N T E S A
X K E E V Q Q O B P C O I A R
I F D H I O F I Â I O I L N A
P D A R I L X D T L U H L C T
P E R D R E P B I U R C E E I
C O M P L E X E M T S C S T O
E N N U Y E R N E Y C O L B N
X N E L U C S U N I M A C O O
L O Y E R B H A T E B Z X Q N
S O L D A T U G T M Z X E E A
```

BÂTIMENT	BOUTEILLES
PUISSANCE	MAL
BLOC	PERDRE
MINUSCULE	DÉCLARATION
ENNUYER	SOLDAT
LOYER	COMPLEXE
EXACT	FORMELLEMENT
COURS	CHIOT
TULIPE	PLIER
LIVRE	CÉLÈBRE

Puzzle 35

```
D U H R A F M Q A D É D I V G
E E H N Q J L H U J P F A I N
X É H R C V W J D R O D N O C
P Q G O Z Z M H J G U S Q M T
L U É O R E M M E F V E B G E
O I R P U S T T P A P R I M
I P E G C T R C A M N T B T P
T E R W Ô B I R B T T I Z P É
H Q P F T I C L L N A È R A R
B O X E É E U Z E G I M O A A
W K A F S A L I L Q L E S L T
G E S T I O N N A I R E E K U
A R T I C L E S Q E L Û L S R
J I J D X U S U R P R I S E E
```

TEMPÉRATURE
GÉRER
OUTIL
GESTIONNAIRE
VIDÉ
BOXE
LILAS
EXPLOIT
ÉQUIPE-
ARTICLES

DEHORS
SEPTIÈME
ROSE
JETABLE
ÉPOUVANTAIL
SURPRISE
SÛR
CONDOR
CÔTÉS
FEMME

Puzzle 36

Q S V Y A Z T R A J R V M P F
F I Q L M Q H N R J R E F A O
I Z D E B O O Z G M A Ï S U R
B K V S I B L I E S N O C V M
Z X U E T F A W N N T P A R I
E X R W I G M L T I G O S E D
E R R Y O J L P C W Z I N É A
X U E C N A H C L O J V A N B
V V T I N V I T E R N R V I L
U F R E P P A R F D I E I M E
G Z O M E S S A G E T F G E K
V H P P I Z Z A K L T E U H T
N J P R E L I G I E U X E C B
N V A Y N O I T A I V É R B A

CHEMINÉE   CONSEIL
MAÏS   AMBITION
FORMIDABLE   NEZ
ABRÉVIATION   NAVIGUER
APPORTER   RELIGIEUX
MESSAGE   SAC
ARGENT   POIVRE
FRAPPER   BALCON
PAUVRE   INVITER
CHANCEUX   PIZZA

Puzzle 37

Q	H	P	D	H	N	F	I	F	L	E	P	D	N	P
P	T	R	G	C	Z	U	I	R	I	L	G	O	D	R
G	K	H	F	N	É	P	É	E	O	B	G	U	I	O
R	T	W	È	N	B	A	C	I	N	I	O	B	P	P
M	E	C	H	M	S	B	L	N	G	S	L	L	L	R
O	L	G	G	S	E	N	I	A	T	I	M	E	Ô	I
D	O	D	A	Y	J	U	I	P	U	V	W	R	M	É
E	T	I	S	R	L	Q	N	U	V	L	L	R	É	T
S	S	K	T	J	D	É	T	I	D	I	M	U	H	A
T	I	H	T	L	F	F	O	R	E	B	U	A	D	I
E	P	N	F	W	P	V	E	P	M	A	L	E	O	R
D	É	P	E	N	S	E	R	W	A	O	N	R	I	E
S	A	I	G	N	E	M	E	N	T	R	F	U	T	H
X	P	W	T	J	E	F	J	J	P	U	D	B	H	W

PISTOLET   -BUREAU
HUMIDITÉ   PROPRIÉTAIRE
SAIGNEMENT   ÉPÉE
DOIT   LAMPE
DÉPENSER   LION
LÉOPARD   MODESTE
DIPLÔMÉ   REGARD
MITAINES   DOUBLE
THÈME   AUBE
PANIER   VISIBLE

Puzzle 38

```
C  E  K  U  Z  B  E  L  E  T  T  E  R  C  E
A  J  A  Z  D  V  W  F  I  O  B  X  É  R  S
D  V  K  K  Q  A  M  E  Q  B  A  H  C  A  T
N  O  I  S  I  L  L  O  C  S  L  Q  U  P  I
R  E  G  A  R  D  E  R  E  E  E  F  P  A  M
U  B  I  T  I  R  E  R  L  R  I  E  É  U  A
O  V  T  M  C  O  P  O  L  V  N  X  R  D  T
B  N  A  T  U  R  E  L  I  A  E  C  A  A  I
M  D  E  Y  S  M  A  L  P  T  G  E  T  R  O
A  R  I  K  J  Z  N  P  T  I  N  P  I  T  N
T  S  O  U  R  I  S  N  I  O  F  T  O  I  K
R  É  A  L  I  S  E  R  Q  N  Z  I  N  S  G
A  L  L  É  H  C  É  S  U  Q  C  O  M  T  P
A  T  N  J  V  I  E  G  E  P  F  N  H  E  C
```

REGARDER	CRAPAUD
TIRER	RÉCUPÉRATION
MIEN	SOURIS
COLLISION	ELLIPTIQUE
BELETTE	ALLÉ
RÉALISER	BALEINE
PARC	ARTISTE
NATUREL	OBSERVATION
EXCEPTION	ESTIMATION
TAMBOUR	SÉCHÉ

Puzzle 39

```
Q H N C B J A L O R C L M T P
H F O H H W P H P U Z O O X R
Z E I L I A T K C O C I Y N I
A W T N E C T X M O E N E E N
E D A P G A V I O N U T N M C
R É S O U D R E L G P A N È E
V G R P O I N T R E D I E I N
È K E Y R B N X K I C N G S D
H U V K É M G D I N D T O I M
C T N E M E S S I L G E U O U
B N O G A H U R L E R N S R J
Q E C N F O O E P M P A A T E
L G O A F F É L I C I T E R Y
Y Q T I A R R U O P P P P K H
```

LECTURE	CHAT
COCKTAIL	MOYENNE
POURRAIT	RIDES
AVION	ROUGE
RÉSOUDRE	LOINTAIN
CHÈVRE	ANGE
POINT	FÉLICITER
PRINCE	AFFAMÉ
TROISIÈME	CONVERSATION
HURLER	GLISSEMENT

Puzzle 40

```
M W A J V D C K T N A T L O T
S A H M R V I X R B E N I T X
C O S O N M C A L X U E Y O J
D J U Q P O N E Y B E R D L N
L É M R U E H I V F J U G É C
F M S F C E G A Y O V S R R A
O O I I Q E E C T R A S V E R
L E U H R U E T A R R A N R T
K L Q N X S R L S P P Y O R A
L L E C I R F I T N E D T N B
O E R E I F I T N E D I O O L
R U G R O G N E M E N T C B E
E X S O U D A I N E M E N T N
Q T A D I R E C T I O N E R B
```

MOELLEUX	FOLKLORE
REQUIS	SOURCE
IDENTIFIER	DIRECTION
COTON	GROGNEMENT
VOYAGE	DÉSIR
PONEY	NARRATEUR
CARTABLE	JOYEUX
DENTIFRICE	ASSURENT
JEU	TOLÉRER
MASQUE	SOUDAINEMENT

Puzzle 41

```
I  S  O  U  D  A  I  N  E  L  L  I  E  R  O
C  N  E  I  B  J  C  P  A  P  A  N  L  C  C
O  O  S  É  Y  I  A  R  K  F  P  T  Â  O  O
N  I  K  T  L  E  U  W  Q  M  O  É  C  M  N
T  S  U  N  I  N  S  H  O  D  L  R  H  M  T
E  I  R  A  E  T  E  L  Q  D  I  E  E  E  R
N  V  H  S  V  J  U  A  A  Y  C  S  C  R  Ô
T  I  K  B  É  A  J  T  N  D  I  S  K  C  L
Q  D  O  Z  R  V  Z  P  I  V  E  A  T  E  E
É  V  I  D  E  N  T  E  Y  O  R  N  V  T  I
S  P  É  C  I  F  I  Q  U  E  N  T  K  C  A
J  N  T  J  L  Y  A  A  C  H  A  Î  N  E  X
P  A  R  T  E  N  A  I  R  E  H  S  I  U  I
E  C  H  A  I  S  E  N  D  I  K  X  T  P  I
```

CONTENT	ÉVIDENTE
LÂCHE	OREILLE
BIEN	INSTITUTION
DIVISION	SPÉCIFIQUE
COMMERCE	CHAISE
INTÉRESSANT	SOUDAIN
SANTÉ	RÉVEIL
PARTENAIRE	POLICIER
CHAÎNE	CONTRÔLE
PAPA	CAUSE

Puzzle 42

```
O Z U V X J T R M A N T E A U
R U I W L K Y E Q D D R I M J
D P F I Y Y I Q N Y D U W O I
I L Q U I T T E R T C W I X S
N E U P B P G O O M E E K X E
A I B S I N V I T A T I O N N
T N L S I G R A N G E T T K V
E F H F X A L O U R D B F D A
U K A M F Z L F X L F A N P H
R J O N N O N G I P M A H C I
S U R V I V R E N R E V A C R
R E N I F L E R W A D X W A K
W P A S S É N O M B R E U X N
C L O U S A U V A G E Q W F S
```

PASSÉ	MANTEAU
LOURD	CHAMPIGNON
INVITATION	CLOU
KIWI	SURVIVRE
TENTE	NOMBREUX
ANGLAIS	GRANGE
ENVAHIR	SAUVAGE
CAVERNE	PLEIN
QUITTER	SOIT
ORDINATEUR	RENIFLER

Puzzle 43

```
V X V E O I P M S X X J I A F
L I D N A R G O I R B O M T R
U P S O F R Y C O T Y C T T È
N R B I A R E R R A M É D I R
D É L T T V É S T A D E X T E
I F A P P E A Q M Z B T B U X
K È G O Y T D I U Q E S X D L
T R U P Z R P L T E R I J E K
J E E W I B B F C V N L Z V B
G N Y W Q A K W A Y K T V N L
J T P F F N E Y O T I C N U H
M I F F B D P C E N T F S V E
C L A I R E R I O L L I U O B
W X P O P U L A T I O N E U D
```

AVAIT	POPULATION
FRÉQUENT	CENT
ATTITUDE	VISITE
TROIS	CITOYEN
BOUILLOIRE	FRÈRE
BLAGUE	CLAIR
OPTION	STADE
DÉMARRER	BANDE
LISTE	LUNDI
PRÉFÈRENT	GRANDI

Puzzle 44

```
F D H B O Q W G N R R I D V R
R O S S A L T P I G Q S G H É
E E N J A M B E S R E V I D V
G C O C P Y R T M N A L É C É
A A I B T I Z R A V R F E P L
R M T W U I D E I A N C E R E
D É A W H I O P S D N F M É R
É R T P B Y E N G F L J Ô S G
L A I H H O L V N F P Y T E N
H X U Ç É D L S Z A N M N N I
R T Q R O B E B E T L K A T X
E E É N G I E S N E R I F E J
I N D É P E N D A N C E T R J
E N C O R E T Y V D O L K É S
```

MAIS	GIRAFE
CAMÉRA	ENSEIGNÉE
REGARDÉ	LASSO
INDÉPENDANCE	RÉVÉLER
BOL	DIVERS
JAMBE	PRÉSENTER
ROBE	ÉQUITATION
ÉLAN	PERTE
ENCORE	FONCTIONNALITÉ
FANTÔME	DÉÇU

Puzzle 45

```
V  S  T  Q  X  U  Y  N  V  O  T  R  E  Z  P
I  R  Œ  N  D  X  I  O  V  W  I  P  F  L  V
C  O  A  U  J  Y  Z  M  M  A  Z  A  S  U  F
V  I  T  E  R  P  H  B  B  X  Q  O  W  O  Q
M  L  R  É  L  G  É  R  E  I  F  I  D  O  M
G  S  E  V  I  T  C  E  R  I  D  O  P  C  H
R  F  N  T  T  V  H  G  K  O  Z  A  R  P
S  U  Î  Q  R  L  M  C  L  A  U  Q  R  O  A
L  Œ  D  U  Y  O  Z  R  X  O  U  L  T  I  R
P  L  O  M  B  X  M  E  V  U  A  N  A  R  L
R  É  P  A  R  E  R  H  K  Y  E  R  G  E  E
S  E  R  A  I  T  O  C  H  L  S  B  E  T  N
V  R  H  T  G  E  P  E  D  U  I  N  R  Y  T
W  P  M  V  Y  L  U  R  S  N  O  I  A  V  U
```

PLOMB	RECHERCHE
VOTRE	NOMBRE
DÎNER	OISEAU
DIRECTIVES	PARTAGER
SERAIT	NUAGE
VITE	PARLENT
MORTEL	MODIFIER
SŒUR	ŒUFS
VOIX	CROIRE
RÉPARER	RÉGLÉ

Puzzle 46

```
I P J V O T S E C V W S L J K
G D I T H G O M L V M C A F H
H A I E L O R P O É C A G N S
M K J O U P C Ê C H P L W C G
Y E Y S N W I C H I R C S U M
G A R Ç O N È H E C O U D M I
E G I G I Q R E S U U L A O L
X R V C T G E R M L V A N U E
A A R N A Q G V H E E T G S T
M I E G R N K S E U R R E T A
E S S N É C A L I E U I R I C
N S D C N J L R H Q U C E Q I
N E D F É D V O D K U E U U E
K A U V G V E C I C R E X E R
```

CLOCHE	LIEU
MOUSTIQUE	VÉHICULE
MILE	CALCULATRICE
DANGEREUX	GRAISSE
PROUVER	GÉNÉRATION
ACIER	HAIE
EXERCICE	SANG
CANARD	SERVIR
EXAMEN	GARÇON
EMPÊCHER	SORCIÈRE

Puzzle 47

```
D  D  Y  G  E  A  Y  K  C  E  P  M  A  É  W
J  F  S  R  E  H  C  G  B  F  L  P  S  L  S
L  H  L  A  R  É  N  É  G  A  Q  P  S  É  G
E  O  H  N  B  M  N  W  S  X  E  A  O  P  M
D  Y  A  D  J  E  T  E  R  U  C  E  R  H  N
D  E  R  N  I  È  R  E  M  E  N  T  T  A  M
W  B  E  D  K  X  I  R  U  I  H  T  I  N  A
C  A  T  M  É  N  L  U  H  C  E  E  M  T  R
V  D  Ê  S  I  C  O  E  T  I  T  L  E  V  D
V  É  R  I  T  É  R  H  U  L  R  E  N  B  I
P  T  P  M  A  H  C  I  E  É  E  U  T  E  U
X  Ô  G  A  L  N  F  P  R  D  F  Q  P  S  H
L  C  A  G  E  N  T  X  L  E  G  S  Z  Z  L
D  I  S  T  A  N  C  E  K  Z  E  J  V  K  G
```

ASSORTIMENT	SQUELETTE
HEURE	DISTANCE
AGENT	PRÊTER
JETER	CÔTÉ
GÉNÉRAL	AMIS
ÉLÉPHANT	GRAND
BAS	CHAMP
VÉRITÉ	MARDI
DERNIÈREMENT	DÉLICIEUX
CHER	DÉCRIRE

Puzzle 48

```
N É G O C I E R V V E R R V P
Z W V Q V H C U I T X V P X A
R I R E E U A E N R E T X E R
M U X A S M F L G O P P P N L
H X A T T A R A T B R R U C É
V U C A E I U H K J O O T Q B
Z E Y E N N S C Y E B F K G R
S C É N A R I O S C L I O E J
D E V I E N T Y C T È T V F X
B E R C E A U D J I M E M U R
M U S I Q U E U Y F E R D Y X
T D C T T E N D R E Q J E E N
C O M P O R T E M E N T X I V
C A L C U L E R S N Q D B F I
```

PROFITER	HUMAIN
PARLÉ	SURFACE
VINGT	EXTERNE
TENDRE	SCÉNARIO
COMPORTEMENT	MUR
NÉGOCIER	PROBLÈME
CHALEUR	BERCEAU
MUSIQUE	OBJECTIF
RIRE	DEVIENT
VESTE	CALCULER

Puzzle 49

```
I  U  O  E  I  R  I  A  R  P  F  G  U  F  T
C  N  D  R  N  P  Q  A  F  U  U  F  E  R  O
E  S  F  E  P  F  O  L  A  N  G  I  S  A  D
R  R  I  I  E  Z  I  H  V  I  O  E  Q  G  E
I  D  R  L  R  G  F  N  M  S  U  A  H  M  U
S  T  X  A  È  M  C  P  F  S  S  W  O  E  R
E  N  I  V  I  K  I  K  R  E  J  C  V  N  H
H  K  D  E  M  G  A  È  Y  N  Z  R  E  T  O
L  E  A  H  U  P  Q  C  R  T  W  O  K  A  D
G  T  E  C  L  M  L  H  U  E  Q  N  A  I  U
T  R  A  N  S  P  A  R  E  N  T  D  U  U  L
Y  U  R  E  N  N  O  I  T  C  E  L  É  S  K
C  O  M  I  T  É  E  L  U  C  I  T  R  A  P
E  C  N  H  N  O  S  I  A  N  I  B  M  O  C
```

PUNISSENT	ROND
SÉLECTIONNER	SIGNAL
SCEAU	OUI
PARTICULE	COMITÉ
INFIRMIÈRE	COMBINAISON
ODEUR	AUTEUR
LUMIÈRE	TRANSPARENT
COURTE	CHEVALIER
PRAIRIE	ENFIN
FRAGMENT	CERISE

Puzzle 50

```
M N F S N I A T R E C V H M É
R F F C B F Y D F V X O L I V
E I R É S K W G O A G T Q L É
J M I N O R I T É P W E Q L N
E L L A C I S U M K T I A I E
T S R T V R W X I T K E F O M
E D U T I B A H Y I M L R N E
R H X M Q B I Y D P P Ê Z J N
P R É F É R É B O R W O J S T
V C V Y E M L H H N K P B H N
I M P L I Q U É A A M I C A L
E B E Y X O Y S S I O T U P K
S A V O N N E U X A N O S I B
C H O I X K B F L C S E J T F
```

CHOIX	CERTAINS
IMPLIQUÉ	PRÉFÉRÉ
PUTOIS	BISON
SÉRIE	REJETER
HAINE	CRAYON
POÊLE	MILLION
ADOPTER	SAVONNEUX
MUSICAL	ÉVÉNEMENT
VOTE	MINORITÉ
HABITUDE	AMICAL

Puzzle 51

```
V E R S I O N Q S J Z L Z M F
A Z E A S G E U H M G O K Z N
C V I R U E T A N I M O N É D
T N L B Y D I T R E T N A H C
U T I D R E U R E S I L I T U
E E M O P N D E P C T W K T N
L L A U D T N V P A H E J S H
L X F C X S O I I H R A E H Q
E Z F H H Z C N L B R T U D W
M X S E S I G G F B R Y I D O
E A D Q C A B T F Z B U I E E
N O Z P J H R I N E T U O S S
T G S E G A K C O T S X V I Q
A L T E R N A T I F D E N T S
```

VERSION
ALTERNATIF
PARTIES
QUATRE-VINGT
BRAS
STOCKAGE
CRASH
SOUTENIR
CHAUDE
UTILISER

CHANTER
TEL
DÉNOMINATEUR
ACTUELLEMENT
DENTS
CONDUITE
FAMILIER
DOUCHE
FLIPPER
DENT

Puzzle 52

```
C  J  F  H  O  F  M  Z  B  P  X  D  C  Q  X
P  L  A  N  C  H  E  S  I  A  V  U  A  M  F
T  E  R  R  E  T  E  V  A  N  H  S  O  N  T
Z  N  G  C  R  N  E  L  L  E  M  Ê  M  E  A
O  C  É  A  N  E  N  G  A  T  N  O  M  E  P
Z  B  B  N  S  T  S  Z  L  X  K  F  G  N  P
E  Q  U  F  K  P  P  U  È  Y  W  F  K  S  L
F  R  A  I  S  E  R  R  C  B  L  U  P  E  I
Y  W  E  T  W  C  C  J  H  C  R  Q  C  I  Q
H  D  T  W  T  C  P  O  V  J  A  E  S  G  U
I  N  O  N  D  A  T  I  O  N  N  H  K  N  E
C  O  U  R  O  N  N  E  U  G  N  A  L  E  R
M  P  I  E  R  R  E  R  É  C  E  N  T  R  Q
N  O  U  V  E  L  L  E  S  J  C  H  W  K  H
```

MAUVAISE	NOUVELLES
ELLE-MÊME	RÉCENT
ZÈBRE	FRAIS
APPLIQUER	OCÉAN
COURONNE	MONTAGNE
TERRE	PIERRE
PLANCHE	ENSEIGNER
LANGUE	ACCEPTENT
ACCUSER	SONT
INONDATION	NAVET

Puzzle 53

```
C I L B U P S A K J G V D J K
I E T U N I M K B S E X R N K
N T R E F S O I N S N O H A G
F Ê Z T E N T I E R T G C A I
É U S J A P I È C E I C I M F
R Q C F M I U K D E L L I A C
I N R V M J N U P V M I Z G A
E E R I A S R E V I N N A N G
U V E R T È M O M R E H T I R
R T O G R A C S E E E N C F E
E L B I V J Y E E X N C S I S
H B G V L D H F P Y N T J Q S
S I T F R E G N A R T É N U I
F U R E T R M A L A D I E E F
```

ESCARGOT
MAGNIFIQUE
MINUTE
ENQUÊTE
FURET
ENTIER
ANNIVERSAIRE
VRAI
PIÈCE
PUBLIC

INFÉRIEURE
SOINS
GENTIL
CERTAINEMENT
CAILLE
ÉTRANGER
THERMOMÈTRE
MALADIE
VOILE
AGRESSIF

Puzzle 54

```
A  K  Q  J  M  Q  Z  P  O  O  V  Q  D  D  M
M  U  K  Z  X  I  G  F  E  D  Z  S  I  É  P
Y  F  T  R  E  S  É  D  D  Q  V  O  F  V  H
S  A  L  O  S  E  N  R  U  O  T  U  F  E  O
T  C  B  A  R  L  Z  K  T  U  E  R  I  L  R
È  I  E  V  K  I  Y  K  I  P  X  I  C  O  G
R  L  A  V  N  C  T  E  T  K  P  R  I  P  A
E  E  U  R  W  I  J  É  L  E  L  E  L  P  N
C  N  R  S  I  E  M  M  A  G  O  J  E  E  I
H  C  L  I  E  N  T  J  X  Z  I  U  R  M  S
E  H  E  S  F  T  U  B  L  E  T  D  O  E  E
M  Z  E  U  C  H  O  S  E  S  E  O  U  N  R
I  D  E  R  D  N  E  V  S  L  R  N  E  T  R
N  B  V  D  K  D  V  O  G  P  K  T  D  E  P
```

MYSTÈRE	CHEMIN
BEAU	CLIENT
ORGANISER	DÉSERT
TOURNESOL	FACILE
DONT	ROUE
CHOSES	AUTORITÉ
VENDREDI	ICI
ALTITUDE	DIFFICILE
SOURIRE	DÉVELOPPEMENT
GAMME	EXPLOITER

Puzzle 55

```
F F U C M P P E R M E T T R E
Z R Z A O A R S E R P E N T B
V R W T W M U O E D V R W A C
T E M Q Z X P V F K I U P L H
I Z V H I P Q A A I X T L C G
T E R U O B A T R I T C C É G
N M U T G H F H Q E S A C Z L
A M T A B E L X U D R R P G O
T A M E R V E I L L E F X P S
S R I E C È P S E U D N E T S
N G I N S I M P L I F I E R A
O O J U S T W W P K G O G K I
C R P A O F F E N S E R A Y R
K P F J I P A U V R E T É U E
```

TABOURET	PERMETTRE
PAUVRETÉ	JAUNE
ÉCLAT	MERVEILLE
MAUVAIS	OFFENSER
CONSTANT	RIE
TENDUE	COMPARER
PROGRAMME	ESPÈCE
FRACTURE	GLOSSAIRE
CAS	SIMPLIFIER
SERPENT	PROFIT

Puzzle 56

```
I  P  T  A  P  Q  P  W  I  A  G  X  Y  S  E
D  Y  W  N  R  Z  E  A  L  H  J  X  L  A  M
F  O  N  C  T  I  O  N  A  C  I  Z  D  T  P
Y  E  G  O  L  R  O  H  C  B  C  T  P  I  L
E  E  A  C  A  E  É  N  G  I  A  R  A  S  O
L  E  D  I  M  U  H  P  E  R  O  I  K  F  I
L  É  B  É  B  S  N  Y  É  X  E  É  D  A  C
E  B  G  É  T  R  O  I  T  T  S  B  H  I  O
U  A  N  U  A  E  P  A  R  D  E  O  Q  T  U
T  R  R  W  M  I  J  C  E  Q  M  R  M  O  R
I  A  J  X  R  E  I  R  V  U  O  H  U  M  T
B  C  D  I  S  S  E  M  B  L  A  B  L  E  E
A  S  N  O  B  N  O  B  S  O  C  I  É  T  É
H  X  A  F  H  I  R  W  D  W  U  S  Y  F  X
```

BÉBÉ	SATISFAIT
FONCTION	DISSEMBLABLE
ARAIGNÉE	HORLOGE
OBÉIR	DRAPEAU
OUVRIER	SCARABÉE
SOCIÉTÉ	LÉGUME
COURT	SOMME
HUMIDE	EMPLOI
RÉPÉTER	ÉTROIT
HABITUELLE	BONBONS

Puzzle 57

```
M  T  N  E  D  É  C  É  R  P  W  U  U  T  N
A  F  F  Q  G  E  T  D  A  H  S  W  Z  D  Y
G  L  O  C  U  M  M  A  G  Q  I  P  H  M  S
A  E  R  T  N  A  T  S  N  I  W  E  T  A  I
Z  U  M  E  G  T  N  E  D  G  E  L  R  R  C
I  R  E  P  B  O  Y  D  Z  M  B  V  W  T  H
N  S  U  O  T  P  G  L  A  Ç  O  N  S  E  E
E  N  Q  T  X  O  H  K  W  V  L  I  N  A  V
N  B  K  Z  J  P  F  U  E  N  G  N  I  U  A
M  S  Q  I  R  P  I  C  L  Q  N  I  O  D  L
L  E  N  N  O  I  T  P  E  C  X  E  S  S  L
R  Y  Z  R  C  H  C  G  Y  P  W  S  E  Z  H
Z  Y  Z  R  E  T  A  D  B  B  O  F  B  J  D
S  O  U  T  I  E  N  R  A  R  E  M  E  N  T
```

QUAND	FLEURS
SOUTIEN	TOUS
BESOINS	FORME
EXCEPTIONNEL	NEUF
MARTEAU	ÉTANG
GLOBE	HIPPOPOTAME
MAGAZINE	CHEVAL
INSTANT	ACTIF
RAREMENT	GLAÇONS
PRÉCÉDENT	HIER

Puzzle 58

```
P R I M A I R E F R L P A K F
E F S T W I H S C N U O R C É
P N H F O U L A R D O U L M S
K E J L T N A L B M E R T U S
V K R E I R R U O C Q R T R O
F J E S U L P C P Q W I N I Q
X R M N O I T I D É P X E Q C
H T Z F T N E T R O P M O C I
J A M A I S N O I T N E T T A
K M C A K Z T E G A L P F N H
D I S T R I B U E R V W T F Z
P L U N I V E R S I T É M Q N
J C I N T E R R O M P R E S F
R A P P A R E N C E C F A R O
```

COURRIER	DISTRIBUER
FOULARD	PLUS
ÉCROU	SEL
JAMAIS	INTERROMPRE
POURRI	CLIMAT
PRIMAIRE	APPARENCE
PERSONNE	ATTENTION
CITRON	PLAGE
COMPORTENT	UNIVERSITÉ
TREMBLANT	EXPÉDITION

Puzzle 59

```
T D O M V X S D C N J W H D A
H G J E I A B O O O L F E R R
É L S I I T H M N I W V R A R
I H G L Z O S I F T E C B G I
È M R L U N T N L A C J E O V
R I E E Z K I A I I O S P N E
E G P U R V T N T C U B M L R
P Q U R X I E T S N L U O Y E
U S O E F H P A I O E G C G N
V V S I O B Q S I N U B L O T
E S P R I T Y E E O R Q D Q D
N O I T A L U G É R Z H E Q Y
C M A L G R É N R P B H A U E
A T T A C H E R A Z C M M Z I
```

BAIE

DRAGON

COULEUR

ESPRIT

HERBE

ARRIVER

BOIS

RÉGULATION

ATTACHER

PRONONCIATION

MALGRÉ

CET

RESPIRER

PETITS

SOUPER

OIE

CONFLIT

MEILLEURE

DOMINANT

THÉIÈRE

Puzzle 60

```
C K W Y T C C H W B L Y E J I
B H H J R A O O Y O W I S M F
F W A G X V U N S R A B S P Y
I R X M M Z P O H D Z O E G U
C U V Q E O L R P A W X N L X
N O I R E A E A R S M X T R X
L A M I N A U B É S E G I E N
É U Y K L F E L C U P O E P É
T C N B Y K F E I M U H L N C
I Q L E R K P M P E O H L C O
V R L A T R B E I R C G E R U
A K O I T T K N T A K U S C T
C A R U Z E E T E L I V I C E
J A R D I N R S R U E T O M R
```

ÉCOUTER   MOTEUR
CIVILE   COUPLE
LUNETTES   BAR
NOIRE   FEU
ANIMAL   HONORABLEMENT
BORD   NEIGE
CAVITÉ   ÉCLATER
JARDIN   CHAMEAU
COUPE   PRÉCIPITER
ESSENTIELLES   ASSUMER

Puzzle 61

```
F A V O R A B L E S U N H I I
Q R Q D S C Q J C B T I H V N
H T Z X L H O G Y U Û O J N T
P L A N T E A U R P O P C Z E
R E U Q N A M M P D C E Z K R
I E I J O B R L P E C S S M A
P R É C I S I O N O R E K L C
A P A L T D K Q Q I O R J W T
T A B E C G L S N K I I V T I
T R S A U C U R I E U X N Y O
A L O D D F O N T A I N E G N
C E L E O C U I S S O N V Z B
H R U R R E U N I T N O C R A
É R B X P S A L E R T E Z G D
```

ALERTE	PLANTE
ATTACHÉ	MANQUER
FAVORABLE	COÛT
PRÉCISION	CUISSON
COUPER	PARLER
SHAMPOOING	CURIEUX
CONTINUER	PESER
PRODUCTION	FONTAINE
ABSOLU	STOCK
INTERACTION	LEADER

Puzzle 62

```
C  J  É  P  R  I  V  I  L  È  G  E  C  M  R
O  U  T  E  J  U  S  D  I  O  P  C  A  O  É
P  Z  É  Q  U  A  R  A  N  T  E  N  T  N  C
C  R  I  T  I  Q  U  E  F  M  M  E  É  T  R
I  W  R  R  D  N  D  R  O  I  M  S  G  R  É
U  Q  P  Z  E  H  A  É  Y  G  O  S  O  E  A
C  W  O  F  M  E  I  W  C  U  G  E  R  R  T
H  A  R  J  A  X  D  U  M  H  O  L  I  Z  I
P  G  P  G  S  A  E  K  K  D  I  A  E  N  F
M  R  S  X  C  M  R  I  T  X  Y  R  M  F  Q
I  H  V  O  D  I  S  U  D  S  V  J  U  F  Z
H  I  V  E  R  N  I  C  R  B  J  H  H  R  O
F  P  D  X  T  E  O  Q  F  M  Z  R  Y  H  E
M  V  A  I  U  R  F  Q  H  K  S  H  R  I  R
```

HIVER	SAMEDI
FOIS	EXAMINER
AIDER	GOMME
RÉCRÉATIF	CATÉGORIE
PRIVILÈGE	RIZ
POIDS	ROI
SUJET	SUD
ESSENCE	CRITIQUE
PROPRIÉTÉ	DÉCHIRURE
QUARANTE	MONTRER

Puzzle 63

```
U  J  G  O  C  D  T  D  H  R  T  G  M  X  G
A  É  I  L  B  U  O  A  U  Y  R  K  T  P  G
S  R  A  L  K  S  G  M  M  K  A  Q  D  S  E
I  I  M  M  L  P  A  E  B  Q  N  A  B  U  R
M  N  U  O  A  U  J  H  L  Z  C  R  M  Y  R
I  E  O  A  I  I  S  Y  E  U  H  F  D  W  É
L  T  R  J  C  R  É  T  I  C  A  P  A  C  P
A  N  U  B  Q  T  E  H  R  U  N  I  O  C  O
I  I  O  A  R  Q  E  U  M  E  T  P  O  P  N
R  A  G  E  L  É  E  I  K  J  R  S  C  V  S
E  M  N  Y  R  E  R  L  B  O  U  C  H  E  E
S  P  A  L  N  Z  Y  E  T  N  A  V  I  V  S
H  Q  K  X  R  É  C  E  M  M  E  N  T  B  P
N  D  D  É  S  E  S  P  É  R  É  O  G  B  C
```

RÉCEMMENT	ACTE
GELÉE	TRANCHANT
OUBLIÉ	COIN
RUBAN	ILLUSTRER
ARMOIRE	DÉSESPÉRÉ
MAINTENIR	RÉPONSE
SIMILAIRES	VIVANTE
HUILE	KANGOUROU
BOUCHE	CAPACITÉ
HUMBLE	DAME

Puzzle 64

```
Y  V  G  R  E  N  O  U  I  L  L  E  K  A  U
F  E  A  C  B  O  K  N  I  S  S  U  O  P  S
E  X  U  R  F  J  E  C  N  O  X  H  K  E  B
V  N  N  X  I  P  D  O  L  W  I  Z  T  U  Z
N  S  E  J  T  É  V  E  R  S  J  X  J  T  G
I  S  M  I  N  I  T  Z  F  X  P  I  P  E  I
A  J  R  W  E  D  Z  É  J  Z  R  X  N  D  F
T  B  O  N  T  Q  S  B  S  K  B  X  S  A  S
R  H  F  R  T  V  S  E  N  I  L  L  O  C  A
E  P  É  E  A  Q  P  B  T  W  E  H  D  S  U
C  P  R  Â  A  V  Z  C  M  T  U  A  H  U  T
L  T  N  E  T  N  E  S  É  R  P  E  R  M  É
P  H  A  S  E  R  M  A  R  C  H  E  R  W  U
Q  T  R  L  K  E  E  L  L  I  E  T  U  O  B
```

THÉÂTRE	COLLINE
PHASE	REPRÉSENTENT
BOUTEILLE	MARCHER
MUSCADE	SAUTÉ
VARIÉTÉ	POUSSIN
ATTENTIF	PEUT
CERTAIN	DOS
VERS	YEUX
BLEU	HAUT
RÉFORME	GRENOUILLE

Puzzle 65

```
E  R  E  S  S  O  U  R  C  E  Q  T  A  C  M
V  X  R  D  L  T  E  J  B  O  J  E  S  O  E
I  Y  P  F  U  P  R  F  C  V  E  R  N  N  R
N  Q  O  É  L  Z  K  I  L  Q  W  R  O  N  C
D  C  L  B  R  W  M  F  S  É  F  O  I  A  I
É  E  A  Z  E  I  G  F  G  T  S  R  T  I  W
P  S  G  V  S  Y  E  S  N  I  E  I  A  S  B
E  Q  J  T  R  V  G  N  E  T  V  S  T  S  A
N  L  K  A  E  Y  A  L  C  N  O  T  S  A  L
D  P  I  Z  V  E  M  W  H  E  I  E  E  N  A
A  P  V  E  N  T  I  Z  D  D  U  O  R  C  D
N  U  Q  G  I  P  U  I  S  I  D  S  R  E  E
T  S  A  U  F  S  Z  N  W  I  H  W  A  S  Q
C  O  M  P  L  É  M  E  N  T  A  I  R  E  A
```

COMPLÉMENTAIRE	PUIS
VENT	INVERSER
GALOP	CONNAISSANCES
OBJET	RESSOURCE
CES	SAUF
IDENTITÉ	BALADE
TERRORISTE	TRISTE
MERCI	INDÉPENDANT
EXPÉRIENCE	SENIOR
IMAGE	ARRESTATION

Puzzle 66

```
R  C  I  M  U  D  S  A  W  H  K  K  N  G  A
C  O  R  M  P  R  E  B  R  O  S  B  A  A  P
R  M  Z  R  E  E  S  O  H  R  T  N  V  U  P
M  P  O  E  N  Y  S  N  T  A  L  N  L  C  E
Y  R  P  U  G  O  O  D  P  J  E  G  Z  H  L
P  E  X  Q  I  V  G  A  E  Y  I  B  A  E  É
F  N  C  I  A  N  É  N  T  R  C  A  M  H  L
G  D  U  L  R  E  S  T  T  E  N  B  M  B  H
T  R  U  P  A  T  I  N  A  G  E  X  E  U  T
A  E  T  X  S  P  L  O  L  É  C  H  J  U  U
L  D  V  E  U  S  I  R  J  T  R  W  C  R  N
E  A  G  Q  M  O  T  É  U  O  A  K  B  Â  L
N  L  I  G  N  E  U  H  S  R  B  L  P  H  T
T  É  C  O  N  O  M  I  E  P  O  U  E  S  T
```

GAUCHE	ARC-EN-CIEL
PATINAGE	TALENT
ABSORBER	JUS
ÉCONOMIE	COMPRENDRE
ENVOYER	ABONDANT
LIGNE	PROTÉGER
HÉRON	TÂCHE
APPELÉ	GOSSES
UTILISÉ	OUEST
MUSARAIGNE	EXPLIQUER

Puzzle 67

```
C O H C T H Ô P I T A L P F B
V R A W I A Y R U M L W L E P
O D M D U B P B U Y E R U R R
R I B O R I E I N Z N B I M E
T N U O F E R E S I A B E I S
H A R E C N A L A B D P S E S
O I G S E T È N A L P T Z R E
G R E B B Ô E Z R W B K A E T
R E R L G T S Z H U H B N V Q
A V G G B S T T N H P B N I R
P E É G N A R I O V A S H R F
H R S K H X T M E T N D Y P H
E E F F O R T L S U I V A N T
M U L T I P L I C A T I O N N
```

ORDINAIRE	TAPIS
PRESSE	PRIVER
RANGÉE	HAMBURGER
TABLE	PLUIES
SAVOIR	BALANCER
EFFORT	MULTIPLICATION
BIENTÔT	BAISER
HÔPITAL	ORTHOGRAPHE
PLANÈTES	SUIVANT
FERMIER	FRUIT

Puzzle 68

```
Q E C L A I R E M E N T L S V
D U U P Z D T P A R T I Z O O
G T A E P Y R E Y A S S E U C
C R A T H J A Z P E W X T F A
X O I F R J I H N L H T G F B
F T U T P E N E J S B K E R U
G O U V E R N E M E N T L I L
G X A X   M R O Y A L M E R A
G L V X X B I O A R C R R R I
N A V I R E A T I B O O U I R
F A M I L L E S C P O F R D E
N O I T A T N E M I L A Q E O
O B S E R V E R Y K V J E A J
K O P P O R T U N I T É C U A
```

GELER	COOL
PARTI	FAMILLE
TORTUE	ROYAL
SOUFFRIR	ALIMENTATION
OBSERVER	BAS
OPPORTUNITÉ	RIDEAU
CLAIREMENT	VOCABULAIRE
ESSAYER	QUATRE
VICTIME	TRAIN
GOUVERNEMENT	NAVIRE

Puzzle 69

```
D F W A G O N J O Z C S Z D É
I L O J G N H B U K O N H O T
R K Q N L A I T U E M X O U U
E T I S D N A L G A M Y O L D
C Z X I Z R S Z C M U L P O I
T L B U A E E N B B N I V U A
E O E B J F I D N V K B I R N
U E L U O P E K O L E Y N E T
R U D B X N L O I E N H T U E
X U C N S P S K T J N T I X O
J K R L A N I F A S O T G V C
F O N D A M E N T A L E R O Q
P A R E N T E Q I Y O B Z E Q
Y H Y G A Q N D C H C K M L F
```

DEMANDE	ÉTUDIANTE
ENTRE	DOULOUREUX
DIRECTEUR	CITATION
FONDAMENTALE	FONDRE
BUIS	FINAL
GLANDS	VIN
LAITUE	PARENT
POULE	COLONNE
COMMUN	JOLI
WAGON	SITE

Puzzle 70

```
G F E R M E R N O U V E A U E
Y M C E R E H G M P D S E W X
R J M A N U Y B I O É A X C P
E É W V P T R S R O C U P L O
S P G F O A U V O V I T O A R
S A A I E R B M I T M E S R T
E X T R O E L L R C A R I I A
R O A A G N I A E A L E T F T
E F R E V R E S N O C L I I I
H P R B Â T O N V C M L O E O
C Y C L I S M E E H Ê E N N N
É F O U R M I R G Q G T O T L
S M N E V I S S E R G O R P K
D I S P A R A I S S E N T E X
```

TIMBRE	FERMER
NOUVEAU	SÉCHERESSE
PROGRESSIVE	EXPORTATION
EXPOSITION	CLARIFIENT
CYCLISME	FOURMI
ANCÊTRE	MIROIR
BÂTON	CONSERVER
RÉGION	DÉCIMAL
DISPARAISSENT	CAPABLE
SAUTERELLE	OEIL

Puzzle 71

C	N	H	U	E	E	S	Y	Y	H	S	K	G	V	J
A	O	P	M	Q	U	A	Z	U	P	Q	X	J	P	O
O	T	X	A	P	R	O	F	E	S	S	E	U	R	C
U	R	S	E	R	V	O	L	O	N	T	A	I	R	E
T	E	N	S	X	T	K	H	S	A	R	B	R	E	S
C	C	H	I	P	S	I	C	O	M	P	L	È	T	E
H	P	O	M	R	O	O	C	H	S	U	O	E	J	L
O	S	D	E	A	E	R	O	I	A	D	H	X	T	B
U	V	S	H	C	A	T	T	X	P	Q	I	E	I	A
C	V	Y	C	J	L	P	I	Q	E	E	V	M	V	P
A	U	T	O	M	N	E	G	R	R	N	R	P	T	U
S	E	R	V	I	E	T	T	E	E	U	U	L	Z	O
Z	D	T	R	E	V	E	N	I	R	R	Y	E	C	C
M	D	O	C	T	E	U	R	F	L	P	K	X	M	J

COUPABLE	ARBRES
DOCTEUR	CAR
REVENIR	RETIRER
REPAS	PARTICIPER
CAOUTCHOUC	COMPLÈTE
VOLONTAIRE	PRUNE
NOTRE	EXEMPLE
PROFESSEUR	SERVIETTE
TROP	AUTOMNE
CHEMISE	CHIPS

Puzzle 72

```
E  D  F  R  C  P  R  O  C  E  S  S  U  S  R
X  É  U  D  O  B  A  S  E  L  M  R  F  I  E
C  J  I  Q  N  C  T  Z  O  B  D  Ê  S  S  M
I  E  T  G  F  A  O  W  D  O  J  V  M  S  B
T  U  E  S  I  G  P  S  I  N  F  H  K  A  O
É  N  O  S  N  A  H  C  H  M  U  D  J  I  B
Y  E  T  N  E  V  I  O  Ç  E  R  G  N  M  I
K  R  V  H  R  C  B  U  I  P  A  H  E  R  N
N  A  D  È  V  Y  H  H  Q  V  T  H  Z  S  E
V  L  X  F  L  V  H  A  F  L  O  U  K  A  R
E  L  A  I  C  É  P  S  R  I  U  T  P  I  B
J  T  B  T  Y  Y  Z  S  A  B  R  B  O  S  Q
C  O  N  T  A  C  T  X  G  I  O  Y  U  O  F
R  E  C  O  N  N  A  Î  T  R  E  N  R  N  B
```

BASE	RECONNAÎTRE
MÊME	POUR
NOBLE	EXCITÉ
CHARBON	CHANSON
CONTACT	REMBOBINER
FUITE	REÇOIVENT
DÉJEUNER	SPÉCIALE
CONFINER	ASSIS
SAISON	PROCESSUS
TOUR	ÉLÈVE

Puzzle 73

```
A C D Y B R G E I S S P A T V
S R R I W K U R W O É C A G E
S I Q E S H E I C R P B F F T
E S M T K C M A I B A M K N Ô
M E I N J E U R X I R W L H H
B R N E U R K T L T É U H G K
L U U G C N M S E E R T T A B
A R T I B H B I L R Q N I A B
G R E L U O C D S C I E N C E
E E S L T R A V A I L I G L R
Y S S E V I L L E T R A F Y W
H C Q T S É R I E U X T O Y U
K D A N E G V J V U U É C W Z
H M A I N T E N A N T E J C T
```

BAIN	TRAVAIL
MINUTES	DISTRAIRE
VILLE	MAINTENANT
DISCUTER	INTELLIGENTE
ORBITE	ÉTAIENT
SERRURE	SÉPARÉ
COULER	SÉRIEUX
CAGE	SCIENCE
ASSEMBLAGE	HÔTE
CRISE	BATTRE

Puzzle 74

```
D M H L S V F B Y E K C O H D
F É C K D F C J N R S P H T É
N R T F O U C H O C O L A T C
E R A E B U T E I N T I H I I
C P T I C T U R T I E A K A D
T B N A S T L V C A R T N H E
A P A M È E E J E V A É M U R
R O Y T R U G R F N I D O O M
M C A X T C N Y F O S K I S O
X B R X U A E D A C I F M P D
G Â T E A U N U B X N I Ê N È
D D T C K K Y Z C E G W M C L
D X A E M T I P G Q T Q E J E
W É P I N G L E T T E Q Y U N
```

ATTRAYANT	GEL
RAISIN	SOUHAIT
DÉTECTER	GÂTEAU
MOI-MÊME	MODÈLE
AFFECTION	DÉCIDER
ÉPINGLETTE	CADEAUX
HOCKEY	CONVAINCRE
TUBE	FRAISE
DÉTAIL	NECTAR
TRÈS	CHOCOLAT

Puzzle 75

```
E D É X Z D I K P R A E G A Y
N W Z C B Y F R H Q É S I J Q
U M F N R A K E O Q V T N O A
E C T O Z I F T T X A E G U É
R H B I Z P R N O I C L E T L
I E X T T D U E G L U O M E E
A Y M C Q R N M R U E I B R C
N Y X A G K O G A D R V R B T
U O M É R R F U P I I D E O I
L H T R U Q D A H Q J É S H O
V I S A G E U Y I U U S B P N
L L D Q L X J E E E G O R É Z
S Y S T È M E T B C E L V S E
P O U R R I T U R E Z É H C E
```

AUGMENTER	AJOUTER
SYSTÈME	ÉVACUER
ÉLECTION	EST
ÉCRIRE	LUDIQUE
DÉSOLÉ	LUNAIRE
GINGEMBRE	POURRITURE
VIOLET	REMARQUE
PHOTOGRAPHIE	ZÉRO
RÉACTION	JUGE
TROU	VISAGE

Puzzle 76

```
R M C H A N C E N T D B P V Q
D E O O Z V W D P Z I U O O U
A R N R X Z T U O T S Z U X A
B R A C A L J R C T P L S P L
O E I M O L T É R U O E S O I
I P E E A N J E Y M N N É J F
E O H C Z T T D A C I R A M I
M R K E R E I R A M B Q W C E
E T O E T D U Q E É L O S I R
N E R R E V R B U N E R Y W B
T R E S B E B C L E T L Q J N
P H Y S I Q U E G A T N A V A
M O N S I E U R A H B K R V L
F C M O U V E M E N T R A K S
```

REPORTER	MONSIEUR
MARI	VERRE
DRAMATIQUE	BRUIT
POUSSÉ	ISOLÉ
DURÉE	ABOIEMENT
MORAL	CHANCE
MOUVEMENT	DISPONIBLE
MARIER	PHYSIQUE
QUALIFIER	ZOO
RENCONTRENT	AVANTAGE

Puzzle 77

```
N P Q E R È I L U G É R R I C
V B S O A I R N F G M W P F U
A U R I T N E S S Y I G O A L
D S E V W J R U U É A F R I T
P É I P I C T K P X R U T R U
I J T U V D Ê E I V X E E E R
S F N E X I N R A D I O R P E
C H E P N M E F R E E S I A L
I J R U P D F Q U O T I E N T
N M C X K K R A T T E N D R E
E C V U R G F E M G L R R N W
M U L T I P L I E R B C O E A
B U N C R O C O D I L E G C E
C O N T R A S T E H F Q H U D
```

FAIRE	SENTIR
RADIO	CONTRASTE
FREESIA	CROCODILE
PISCINE	AIMÉ
MULTIPLIER	VUE
IRRÉGULIÈRE	INSÉRER
QUOTIENT	DÉTENDRE
CULTUREL	ATTENDRE
PORTE	OEUF
FENÊTRE	ENTIERS

Puzzle 78

```
L V B Z A L V U W E H C I R C
B A L A N Ç O I R E F L Y Ô O
Y D P D I S C O U R S F A L N
M L U M R C M Y L K W Z E E T
Z U B C É T E O S K N X P T E
C H L O S Y T A U S S I R K N
O W I U E R T Î A M Q Z W N I
U M C D R I R M M B X D J S R
R A A R V N E É P I N A R D S
C N T E E U G P V E J D P V B
F Q I H W T C A P T U R E R D
J U O I O I I C E R C L E I R
E E N I B L O M M U R A L E V
D C X X K E X C I Q J V P D Y
```

COUDRE	CONTENIR
INUTILE	RÉSERVE
PUBLICATION	MAÎTRE
EFFET	COUR
METTRE	RICHE
BALANÇOIRE	AUSSI
MANQUE	CAPTURER
DISCOURS	ÉPINARDS
RÔLE	IMITER
MURALE	CERCLE

Puzzle 79

```
R E I P A P F U R K M T R S X
É É E U Q I T A M O T U A S T
S L L L X O E E R E I P M O P
I V B C V X H P E I J O U E R
D A I P F Z J A F D N O U U E
E K R L L G P H K G I E R Q T
N I R R U E T C U D N O C I C
T S E R U T I N R U O F L T E
Y V T A V O C A T R X H H É F
A V E R T I S S E M E N T G F
L O C A L I S E R B N M F R A
P T R O U V E R R A P I D E I
A T T E I N T U S R C M L N C
P A R T O U T O O D D H H É Z
```

LOCALISER	AVOCAT
FARINE	CONDUCTEUR
ATTEINT	CLÉ
RAPIDE	POMPIER
ÉNERGÉTIQUE	TROUVER
PARTOUT	AFFECTER
AVERTISSEMENT	RÉSIDENT
FOURNITURES	PAPIER
TERRIBLE	AUTOMATIQUE
CHAPEAU	JOUER

Puzzle 80

```
T  P  I  A  D  U  L  T  E  E  M  M  V  Q  D
L  X  M  C  H  Â  T  A  I  G  N  E  S  U  I
U  N  A  M  V  C  A  M  P  A  G  N  E  A  M
O  M  G  P  N  E  R  D  A  C  Q  B  N  T  A
S  N  I  S  I  A  R  E  U  O  H  C  É  R  N
P  B  N  Z  N  P  M  T  P  O  E  A  K  I  C
N  O  E  C  N  E  T  É  P  M  O  C  X  È  H
D  T  R  U  J  N  N  Q  M  D  M  O  J  M  E
Q  I  I  P  A  R  E  N  T  S  U  C  E  E  D
E  N  X  R  A  K  A  P  P  L  A  I  N  E  S
Z  E  G  N  O  I  N  U  É  R  V  Z  R  X  X
Q  K  N  G  Y  I  O  T  D  B  I  A  Z  P  K
D  S  È  R  G  O  R  P  N  P  E  X  U  J  K
T  R  A  I  T  E  M  E  N  T  L  L  A  I  T
```

QUATRIÈME	LAIT
CAMPAGNE	ÉCHOUER
TRAITEMENT	CADRE
VERT	ADULTE
IMAGINER	RÉUNION
PLAINES	PROGRÈS
DIMANCHE	RAISINS
DIX	VIE
TIROIR	PARENTS
CHÂTAIGNES	COMPÉTENCE

Puzzle 81

```
P R C P M L C R K L R I K W R
C P O V T E E C H A M B R E A
C H A N T K R R T C C H T É P
W W E M A Z F J I O V A C S P
T X I Q C X R V T L U J E U O
R O Z T I X X C N A L B I M R
S E G G L S R O S É R T B J T
I X M F É N T Y H T R O U T E
Z S A P D I W O S É I I C F G
X Y C I L S R T Z I T C F X C
G O R R O I T E G A M O R F J
A P P E L O R P E A U U S O A
S R Y O U V C I I G Q R L S R
B R U I S S E M E N T K U É E
```

COYOTE
REMPLIR
VOISIN
DÉLICAT
RAPPORT
PEAU
ÉTÉ
APPEL
CERF
TRÉSOR

BRUISSEMENT
SIMULÉ
BLANC
FROMAGE
LIRE
ROUTE
CHANT
LOCAL
CHAMBRE
MUSÉE

Puzzle 82

```
N X W B P N S E C T I O N O C
C A R R I È R E L C N O Q J A
S P T F D É O L P W V N Q W T
A I R I É T H X E Q P O D S A
N A A E C I K E N P V I D E S
D N I R E N É S N J E T R T T
W O T T N C M T Y H N I M T R
I L É È N E Y A Ê M A S D E O
C M U M I L L N E R F O P S P
H T A I E E B D F F R P H S H
K K Z R M R E A B G A A R U E
M W F É C Ê C R M A M A N A I
H M W P Y H M D A H C X H H Y
V R F S C I É E W N Y E W C F
```

SECTION	TRAITÉ
ÉTINCELER	LUI-MÊME
VIDE	ONCLE
DÉCENNIE	POSITION
STANDARD	MAMAN
CHAUSSETTES	MARCHÉ
PÉRIMÈTRE	PENNY
ARRÊTÉ	CARRIÈRE
PIANO	HORS
CATASTROPHE	SANDWICH

Puzzle 83

```
N N S I O X O P Q T X Q A E W
H O M F F N O E U D E N I E R
X I I I D C D R T P N N P O H
T M L T D J D È T A R W N D B
N A S I A F O I C R M F A I N
P C C S I R I B G F A S Z O S
I R H O U E É L L O G E K Z T
C E É P U G T B Y I A C T G A
D P C C L G U W I S S I E I B
S A G Y I D R D P L I A M N L
V R Q Z Z E M M O C N Q U I I
I T A Z E Z U O D Z D R L X E
P T J C L I Z X W K Q Z O X R
C A C O N T R I B U E R V G A
```

POSITIF	ATTRAPER
PRÉCIEUX	DOUZE
FAISAN	IRIS
NOEUD	CAMION
VOLUME	LIBÉRATION
BIÈRE	MAGASIN
COMME	QUI
TABLIER	TENNIS
CONTRIBUER	HOUE
PARFOIS	REINE

Puzzle 84

```
B T Z D I O T Q N I L E B O G
U R O N X Y A M J M B V E A O
R D C C P L A Q U E J D M T P
E É C O I N G G N D O N N É A
A S H Y L E R I O T A É L A N
U O A D Y O L V G M P D K A N
A R U B Y X N U A O R G M X U
G D S D T N Z S X X Ê M A G E
Q R S Y A W M A R T T I T M L
J E U T A N J E D P K G É Y D
T D R O C E R Z N F R N R V D
Y Q E G A M M O G T M O I I M
F J S A V E N I R P A N E Z C
B L A I R E A U T L D L L B X
```

COLONS	PRÊT
GOBELIN	PLAQUE
DONNÉ	CHAUSSURES
TRAMWAY	GOMMAGE
ANNUEL	DÉSORDRE
ALÉATOIRE	AVENIR
CIEL	MIGNON
MATÉRIEL	MENTAL
RECORD	DEMI
BUREAU	BLAIREAU

Puzzle 85

W P N S R I A E M G V K B Y R
R B O V E R A R D I H W E Y Y
H H I P T L L I B G M Q X C A
P Y N Y O E V U D A V E Z D O
V C I S U T U R T N B L F N P
U L P E R T Y T N T I A V A S
T O O T D R S É K E C N N F V
A I N S I E Y D H S A O A I A
T S G R F O R Ê T Q B I I I V
T P Q C V O M C V U I T K M E
W Z E U G O R D R E N A B A C
C X C R C F K C A É E N C I O
P I Z E D I M I T E E L T N L
I M G X X U E I V M W R E X Q

MAIN	CABINE
OPINION	LETTRE
VIEUX	SAVAIT
TIMIDE	FORÊT
AINSI	DROGUE
RARE	SOL
DÉTRUIRE	NATIONALE
CRÉER	AVEC
GIGANTESQUE	PERDU
AIR	RETOUR

Puzzle 86

```
I N F O R M A T I O N B F A P
M C O A G S I N T É R I E U R
G E N R E U M W C H L E Ç O N
T R G A U G E U N F W E T O X
I U S G Q G S Z D E L L I A T
G T S J I É U H O R R U W V L
R I V A T R R I I B I L X V M
E O A I A E E I G H O I W Y O
P V A J R R F P T B V P M N C
V O P G P T K H R R E U F I F
E G R T N O I T P E C N O C P
K V T T S E M M O H N L Y N X
M T Z L E F A O X Q O I I B K
Q X T T A R W U C P C B D V G
```

INFORMATION	PILULE
FLUX	PRATIQUE
GENRE	TAILLE
MESURE	CONCEPTION
DOIGT	AGNEAU
LEÇON	HOMMES
VOITURE	LYNX
BREF	SUGGÉRER
PORTER	TIGRE
INTÉRIEUR	CONCEVOIR

Puzzle 87

```
V  T  I  W  C  X  F  X  R  N  P  O  C  F  M
J  I  O  W  O  O  Q  T  E  O  H  O  E  Y  K
O  B  E  M  X  N  C  N  U  E  R  R  M  S  Y
S  E  T  N  A  L  P  C  Q  U  A  B  Y  E  R
M  L  N  V  T  T  C  C  I  Q  S  V  G  S  M
R  B  E  M  O  T  E  O  D  N  E  U  O  N  P
U  A  L  V  M  H  I  R  I  A  E  E  Û  A  E
P  S  F  G  P  J  G  B  R  B  L  L  T  D  R
A  W  F  J  B  C  P  E  U  V  B  B  L  U  S
V  B  U  L  C  A  P  A  J  R  A  M  K  E  O
A  A  O  W  D  N  I  U  A  O  I  E  T  S  N
E  B  S  U  T  I  R  L  C  F  R  S  L  Q  N
Y  D  K  M  V  P  E  P  J  G  A  N  H  B  E
Q  R  C  K  V  L  L  E  C  G  V  E  X  U  L
```

PLANTES	BYE
VIENT	PIRE
BANQUE	GOÛT
SABLE	CLUB
SOUFFLENT	MOT
ENSEMBLE	TOMATE
CORBEAU	COCCINELLE
PHRASE	LUXE
VARIABLE	PERSONNEL
JURIDIQUE	DANSE

Puzzle 88

```
R  D  V  L  L  A  T  H  L  É  T  I  S  M  E
E  E  U  N  E  V  N  E  I  B  R  S  F  F  D
N  M  S  C  U  D  F  B  H  R  U  N  U  I  M
N  Ô  I  P  R  C  O  M  M  U  N  A  U  T  É
O  L  O  N  O  I  T  C  U  R  T  S  N  O  C
D  P  G  I  G  N  O  S  S  I  R  É  H  G  S
X  I  O  O  C  C  S  P  A  T  I  E  N  T  O
V  D  A  S  F  D  C  A  V  I  Z  O  N  E  M
T  I  Y  E  Z  T  E  W  B  O  I  L  S  M  M
D  X  T  B  Q  L  S  W  M  L  U  Q  C  R  E
G  L  D  E  X  N  S  B  Q  X  E  L  U  O  I
D  X  X  P  S  E  E  T  D  D  C  D  U  N  L
W  Z  L  C  H  S  R  N  A  T  U  R  E  É  Y
Y  J  W  S  B  L  E  C  Q  D  A  M  K  E  O
```

VOULU	BESOIN
ZONE	ILS
SOMMEIL	CONSTRUCTION
PATIENT	CESSER
BIENVENUE	LEUR
DIPLÔME	LOI
HÉRISSON	NATURE
VITESSE	DONNER
ATHLÉTISME	RESPONSABLE
COMMUNAUTÉ	ÉNORME

Puzzle 89

```
X  É  H  O  M  É  M  O  I  R  E  U  A  J  D
T  L  D  I  V  E  R  T  I  R  F  L  M  G  U
É  I  R  P  O  R  P  P  A  O  I  C  O  B  P
N  G  K  S  E  N  N  O  S  R  E  P  N  A  L
O  I  K  C  N  K  F  U  P  A  C  D  T  N  I
I  B  L  A  I  N  N  H  R  R  U  T  R  A  Q
T  L  U  B  S  B  S  A  V  É  G  T  É  N  U
A  E  L  B  I  X  E  L  F  P  D  L  E  E  E
L  T  V  M  U  B  R  H  E  O  I  N  R  R  R
L  O  T  E  C  A  U  S  J  N  X  T  T  I  D
E  W  V  A  R  L  E  X  J  D  I  B  S  O  W
P  N  T  V  Q  S  H  O  G  R  È  M  N  P  C
É  B  L  Q  E  U  E  N  I  E  M  H  O  S  D
G  U  E  R  R  E  E  R  Z  Q  E  J  M  E  X
```

MONSTRE	HEURES
CUISINE	DUPLIQUER
ESPOIR	ATTAQUE
GUERRE	ÉLIGIBLE
RÉPONDRE	PERSONNES
DIXIÈME	BANANE
VERSER	ÉPELLATION
APPROPRIÉ	SAUTER
MÉMOIRE	MONTRÉ
DIVERTIR	FLEXIBLE

Puzzle 90

```
R  I  É  L  É  M  E  N  T  A  I  R  E  Z  P
E  N  O  I  T  A  S  I  N  A  G  R  O  X  O
R  T  O  N  U  T  R  I  M  E  N  T  S  F  I
T  E  U  S  I  P  E  X  H  L  X  G  Z  A  S
E  N  A  T  T  E  N  D  U  J  S  B  A  W  O
C  T  K  H  H  A  Z  J  M  E  X  S  P  F  N
H  I  P  O  R  T  A  B  L  E  R  R  Q  B  R
O  O  A  R  C  T  I  Q  U  E  P  U  O  R  G
U  N  V  A  L  E  U  R  B  V  I  E  E  V  Y
F  R  H  P  P  F  S  L  I  E  I  H  H  U
L  I  A  D  N  A  H  C  É  S  O  S  X  W  V
E  R  I  U  D  É  R  A  V  S  R  U  C  U  P
U  A  R  M  É  E  E  I  R  E  L  L  I  A  R
R  J  E  U  L  V  S  P  B  L  U  P  V  P  R
```

ATTENDU	HEUREUX
PORTABLE	INTENTION
ÉLÉMENTAIRE	PLUSIEURS
ORGANISATION	RÉDUIRE
CHOU-FLEUR	POISON
NUTRIMENTS	VALEUR
ARMÉE	SON
GROUPE	ARCTIQUE
BLÉ	CHANDAIL
RAILLERIE	LESSIVE

Puzzle 91

```
I D T Z P J R V L V U N Z L L
M É É S I L A N N O S R E P D
M B F V P K X T R R I R U O C
É A E O T B V D H H P N A L P
D T R I U A E P U O R T E R S
I R W R I M R A N C I E N S E
A D I D J P B E D E T N N S C
T A A L L S E F T C H M A E O
E B O U G I E Z Q N Z H Q R U
M J P L U V I E U X E V Z P E
E D I R E C T I O N S V L X R
N S A S Z Z N H K R I C N E O
T R E J O I N D R E L F D I G
R É F R I G É R A T E U R R T
```

SECOUER   PLAN
ANNEAU   FER
PLUVIEUX   DÉBAT
ANCIENS   INVENTER
EXPRESS   PERSONNALISÉ
VOIR   TROUPEAU
REJOINDRE   LOIN
BOUGIE   IMMÉDIATEMENT
VERBE   DIRECTIONS
COURIR   RÉFRIGÉRATEUR
```
```

Puzzle 92

```
S E G I E N E C R E P D R M V
O I S E A U X B R J J E È D I
E D I U L F D A M A Z U G A O
O L S I X A O É C I Y X L T C
R L F W S N L B F V O O E U C
R U S E R U T N I E P I N A U
C A S Q U E T T E C N I H S P
C O M P A G N O N H P S O R É
R O S É E B X H P E E C E U W
T H N R C O Z L J V I E T S T
E W D Z O U B H N E G H K Z M
P R I S E E S O V U N A T X C
G K M F P U J X F X E P N A R
R V X Q L X I N C L U R E E H
```

OCCUPÉ	SURSAUTA
INCLURE	ELFE
PERCE-NEIGE	PEIGNE
FLUIDE	CASQUETTE
COMPAGNON	PRISE
CHEVEUX	SIX
PEINTURES	ROSÉE
BOUEUX	CRAYONS
RÈGLE	OISEAUX
DÉFENSE	DEUX

Puzzle 93

```
T A S D O S Z D R A P C H K Y
O I C B E U R R E N A O A L G
L Q S C J O X É G É T N U D Q
K C C S O F E P R M I F T I D
I O U L U M P A E O N É E P A
F I L L E P P N M N E R U P G
O F F R I R C A É E R E R R D
J L J X O L Q C G M R N P W I
G N H E C N A I F N O C C J G
S E C R É T A I R E E E C E E
K O U H K N S J I Y E R E T N
N A L T T T N E M E D I P A R
E R I U D N O C P W Q M R Q Z
T R I S I B L E X T C I C T N
```

HAUTEUR	OFFRIR
TISSU	NET
ÉMERGER	BEURRE
RISIBLE	FILLE
SECRÉTAIRE	CONDUIRE
CONFIANCE	ACCOMPAGNER
DIT	SEPT
CANAPÉ	PATINER
FOU	ANÉMONE
RAPIDEMENT	CONFÉRENCE

Puzzle 94

```
D P I L O T E G O D O V E O F
S É S U B S T A N C E J R G G
U I C J B C W E R È I V I R F
N R X O R E R O I L É M A O S
O A G I U A N T I Q U E S G E
L N X E È V F A U C O N R O T
L Z F U N M E U Q I M R E H T
I B N R J C E R W H L G V S E
P G G J L U E R T E N X D T I
A A C H E T E R X E U L A N M
P R O B A B L E M E N T M A I
D É V E L O P P E R W I O F O
I N T E R N A T I O N A L N N
M E I L L E U R F K P W S E D
```

AMÉLIORER	MAI
RIVIÈRE	DÉVELOPPER
INTERNATIONAL	ACHETER
MEILLEUR	SIXIÈME
ENFANTS	THERMIQUE
PROBABLEMENT	SUBSTANCE
FAUCON	MIETTES
URGENCE	DÉCOUVERTE
ANTIQUE	PILOTE
PAPILLON	ADVERSAIRE

Puzzle 95

```
I  W  D  X  F  G  R  A  V  I  T  É  X  G  C
P  E  L  B  A  S  I  L  I  T  U  É  R  É  R
H  R  S  O  C  I  A  L  E  N  I  H  B  N  E
E  K  O  S  O  W  P  U  K  E  L  Î  S  É  S
R  O  G  M  G  R  A  N  D  M  È  R  E  R  S
T  N  E  M  E  T  C  A  X  E  C  J  N  O  O
T  P  G  S  O  S  W  W  F  N  Y  V  G  S  N
E  Z  R  C  A  P  S  T  R  N  G  H  A  I  V
M  R  A  G  E  L  L  E  M  O  N  I  T  T  N
D  V  L  F  M  N  E  V  P  R  E  S  N  É  D
A  P  Y  V  A  E  T  E  R  I  U  D  O  R  P
P  É  R  I  O  D  E  R  I  V  E  M  M  T  F
P  O  I  R  E  T  Z  G  E  N  R  J  Y  R  O
N  O  I  T  C  U  R  T  S  E  D  Q  T  P  A
```

MONTAGNES	GÉNÉROSITÉ
PRODUIRE	ÎLE
GRAND-MÈRE	CRESSON
PÉRIODE	CYGNE
SOCIALE	LARGE
POIRE	SALE
PROMESSE	RÉUTILISABLE
GRAVITÉ	ADMETTRE
CENTRE	DESTRUCTION
EXACTEMENT	ENVIRONNEMENT

Puzzle 96

```
A  Y  J  C  Z  H  E  N  N  O  B  A  A  S  S
C  C  X  R  X  A  L  O  U  T  R  E  D  T  K
T  Q  H  O  J  B  B  I  I  B  I  U  M  R  V
E  D  H  C  U  I  I  T  N  R  N  Q  I  U  D
U  F  J  U  R  T  T  I  T  C  D  È  N  C  É
R  O  M  S  Y  A  S  D  E  H  I  H  I  T  P
P  L  A  T  S  T  E  U  R  E  V  T  S  U  E
D  A  F  A  T  V  M  A  C  R  I  O  T  R  N
F  E  N  M  M  O  O  K  E  C  D  I  R  E  D
P  H  V  L  S  J  C  Q  P  H  U  L  A  S  E
É  C  N  E  M  M  O  C  T  E  E  B  T  B  N
F  C  G  Q  N  G  S  N  E  R  L  I  I  R  T
V  B  K  N  R  I  H  U  N  M  L  B  O  U  E
É  T  O  I  L  E  R  C  T  S  E  I  N  N  G
```

COMMENCÉ	AUDITION
BONNE	CROCUS
INTERCEPTENT	INDIVIDUELLE
STRUCTURE	CHERCHER
COMESTIBLE	ACTEUR
LOUTRE	ADMINISTRATION
BRUN	BIBLIOTHÈQUE
ÉTOILE	PLATS
DEVENIR	DÉPENDENT
HABITAT	JURY

Puzzle 97

```
C O N F E S S I O N E S R T P
U W A P P R O C H E D V K É R
P L O N G C L R X S Z Y E L O
P O T R I M E S T R E B R E F
G O U A C C R O C H E R U S E
L L U C T R A N S P O R T C S
V M F S E G A I R A M S N O S
C R C D S S V S E L O N I P I
O E A X C I V A D J H O E E O
U S P I L C È E T Y S T P R N
R N F X M V H R C Z I U K B N
B E X M N E J Z E J W O F M E
E P W T P J N B O W W M T O L
H V G T I A R T R O P S E S M
```

MOUTONS
PROFESSIONNEL
PENSER
ACCROCHER
SELON
SOMBRE
APPROCHE
POUCES
TÉLESCOPE
COURBE

PEINTURE
CONFESSION
PORTRAIT
CLIPS
VRAIMENT
LONG
MARIAGE
POUSSIÈRE
TRANSPORT
TRIMESTRE

Puzzle 98

```
É  C  R  I  V  A  I  N  I  H  U  L  F  E  I
P  J  Y  Q  T  U  G  O  Q  I  L  X  B  M  M
D  J  R  G  S  N  R  E  H  C  U  O  T  P  P
R  P  D  F  S  Z  A  U  D  H  C  F  J  R  O
A  E  K  M  M  A  D  V  E  Q  B  J  G  U  R
N  H  P  D  É  T  I  N  U  G  S  S  C  N  T
E  P  Q  O  Z  F  S  X  Q  O  R  U  M  T  A
R  A  O  G  S  P  I  T  A  E  I  A  É  E  N
Z  R  W  K  U  U  R  I  H  Q  O  X  L  R  T
P  G  E  D  B  V  G  K  C  B  K  I  U  T  E
O  A  C  E  P  E  N  D  A  N  T  I  O  A  A
I  R  C  O  N  T  E  N  U  O  U  W  C  N  B
S  A  O  S  C  H  A  U  S  S  U  R  E  T  T
G  P  T  I  S  U  D  I  D  E  R  C  R  E  M
```

CONTENU	EMPRUNTER
REPOS	PARAGRAPHE
RADIS	BUS
LARGEUR	MERCREDI
CEPENDANT	GRIS
ÉCRIVAIN	CHAQUE
UNITÉ	POIS
CHAUSSURE	IMPORTANTE
COULÉ	TOUCHER
TANTE	RENARD

Puzzle 99

```
N O Q J Q G C C G M J R F X E
U E I U L P A R A P E Y O E N
M N B K I V C S P V M T R L V
É L E X E S A H H C U H M I E
R R E R B M O C N O C M A T L
A I L B R O S S E F Q E T L O
T M A H E Y H D P D S S I B P
E D G Q Y A V W S H U O O K P
U D É Y A S I É I U P H N D E
R C M M P M O M R U P C Y I J
L U N E O G W Y A I X P Q R Y
I M P R O P R E B N F W O E K
D A U P H I N L G J T I T S D
G R A T U I T E M E N T É T É
```

CHOSE

DIRE

SUPPOSÉ

CONCOMBRE

AIMANT

DAUPHIN

RYTHME

PAYER

BROSSE

PARAPLUIE

GRATUITEMENT

LIT

CACAO

ÉGALE

VÉRIFIÉ

LUNE

ENVELOPPE

IMPROPRE

NUMÉRATEUR

FORMATION

Puzzle 100

```
T  Y  P  E  C  Q  X  É  R  A  S  S  M  S  Q
W  A  M  W  R  W  H  T  E  C  I  E  Q  T  M
R  L  H  V  P  T  U  I  N  H  È  R  Y  Y  A
R  O  C  H  E  R  U  L  I  E  C  I  W  W  Y
N  S  O  E  S  E  R  A  M  T  L  A  M  X  B
H  O  Q  R  W  L  O  É  R  É  E  T  R  W  S
G  R  O  S  S  I  È  R  E  S  O  I  T  F  R
V  É  H  O  J  B  Q  O  T  V  É  L  O  L  É
I  C  Q  F  G  O  D  Q  É  E  R  I  Â  O  U
S  O  X  P  W  M  R  J  D  L  I  M  G  T  S
I  N  D  F  U  O  S  R  F  S  E  C  E  T  S
O  I  A  T  L  T  A  D  I  D  N  A  C  E  I
N  H  H  X  X  U  D  E  M  A  I  N  F  U  E
K  R  H  P  H  A  S  A  V  O  N  P  W  R  A
```

RÉALITÉ	TYPE
VÉLO	VISION
SIÈCLE	CANDIDAT
AUTOMOBILE	SEC
ACHETÉ	FLOTTEUR
MILITAIRES	GROSSIÈRES
DEMAIN	DÉTERMINER
ÂGE	AUTRE
SAVON	RHINOCÉROS
RÉUSSIE	ROCHER

Puzzle 1

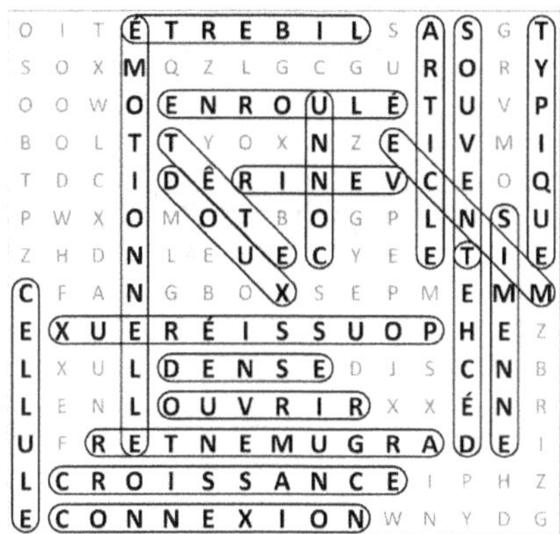

Puzzle 2

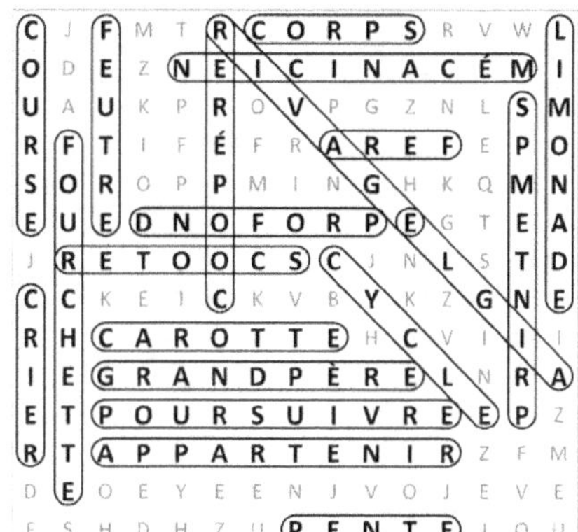

Puzzle 3

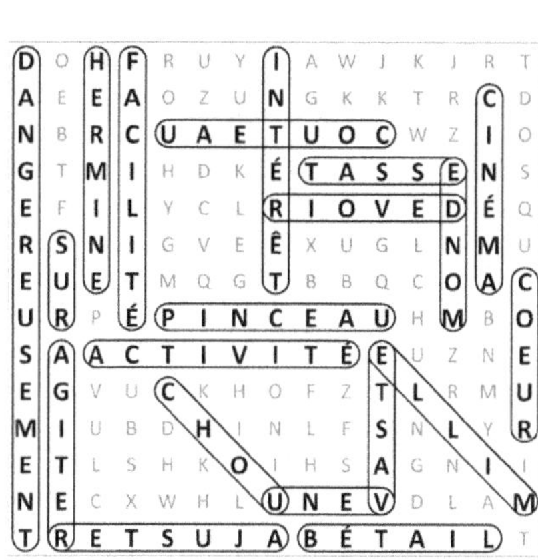

Puzzle 4

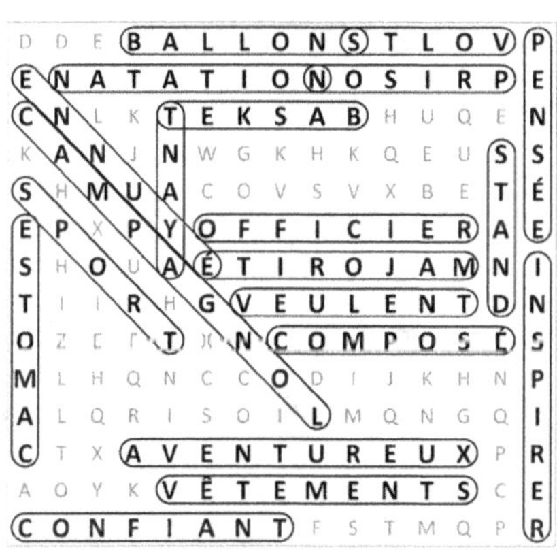

Puzzle 5

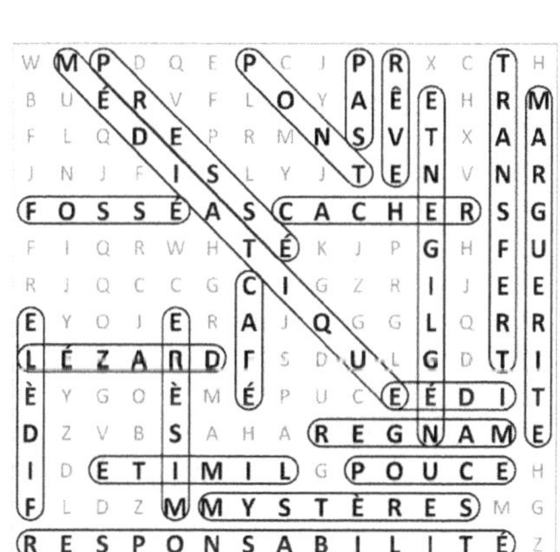

Puzzle 6

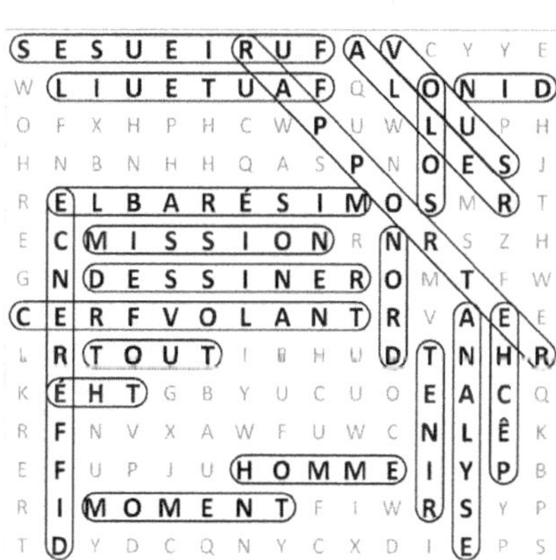

Puzzle 7

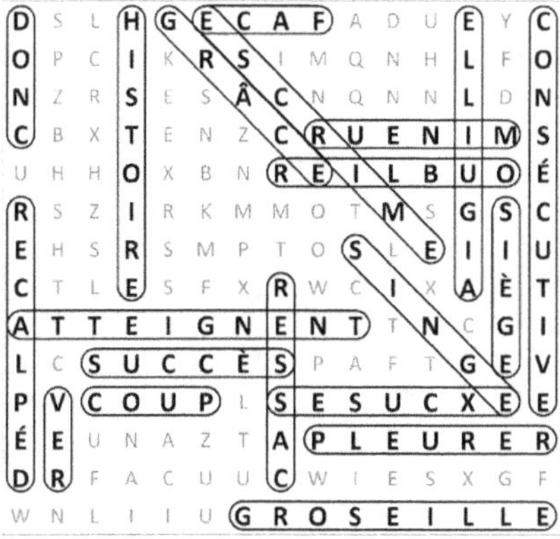

Puzzle 8

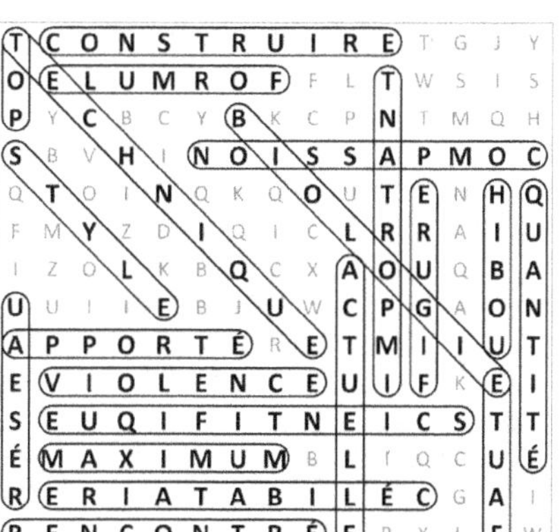

Puzzle 9

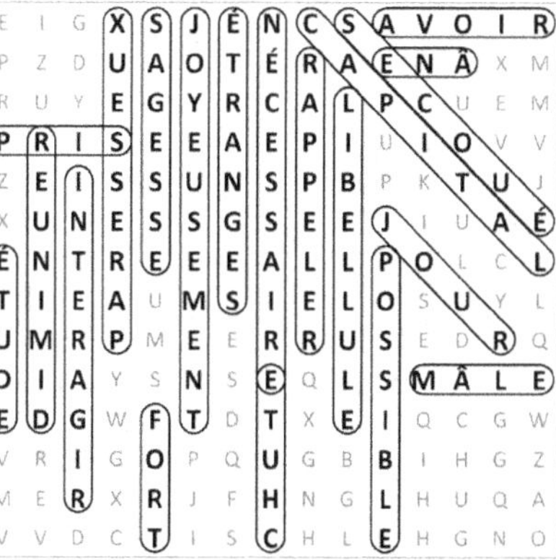

Puzzle 10

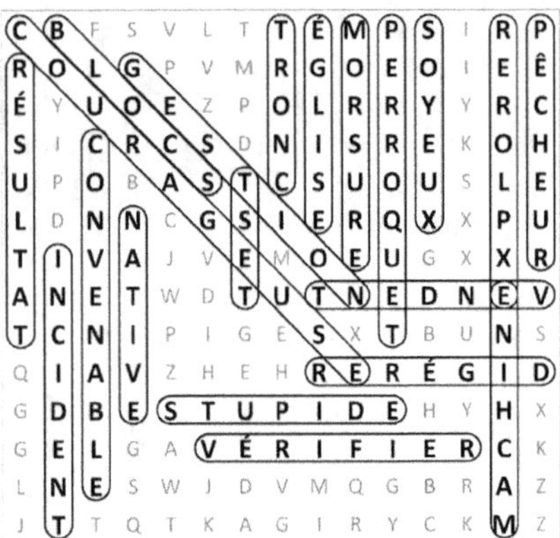

Puzzle 11

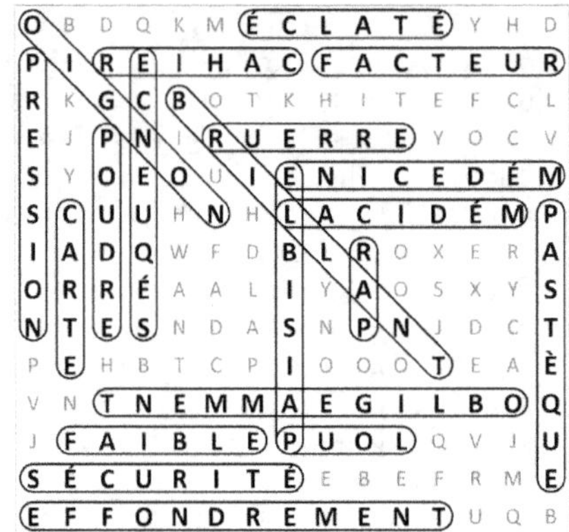

Puzzle 12

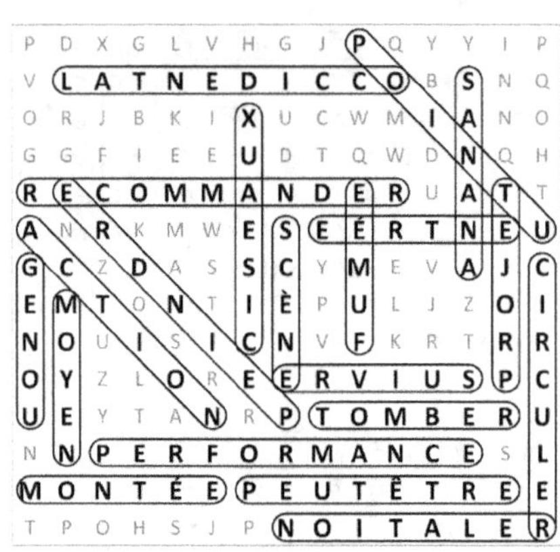

Puzzle 13

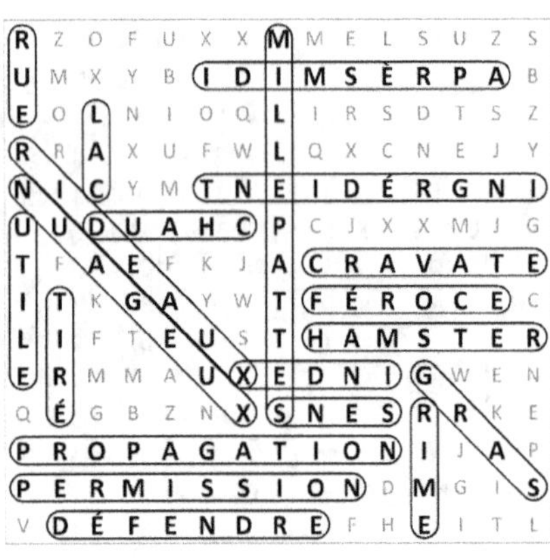

Puzzle 14

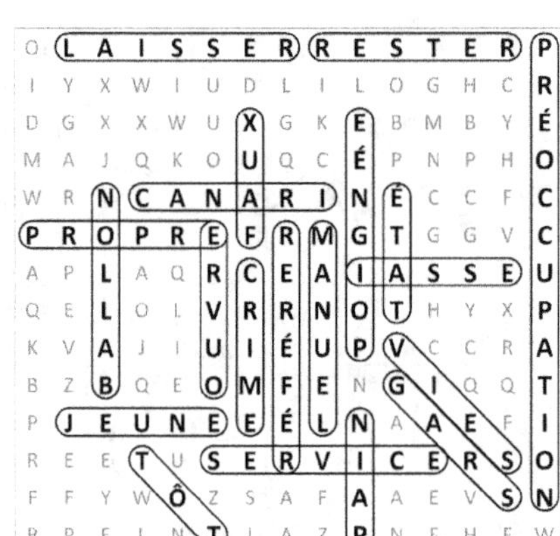

Puzzle 15

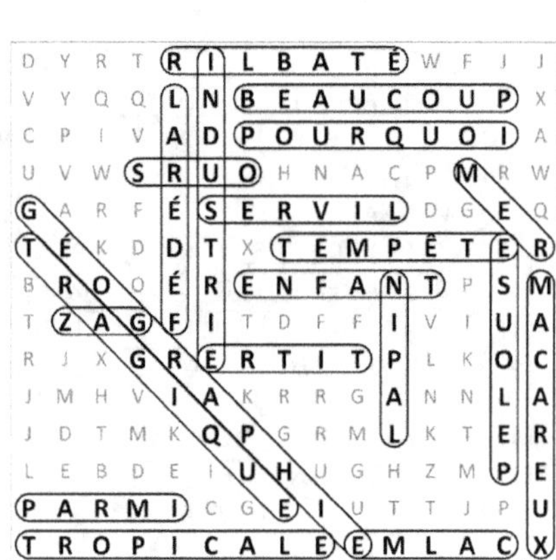

Puzzle 16

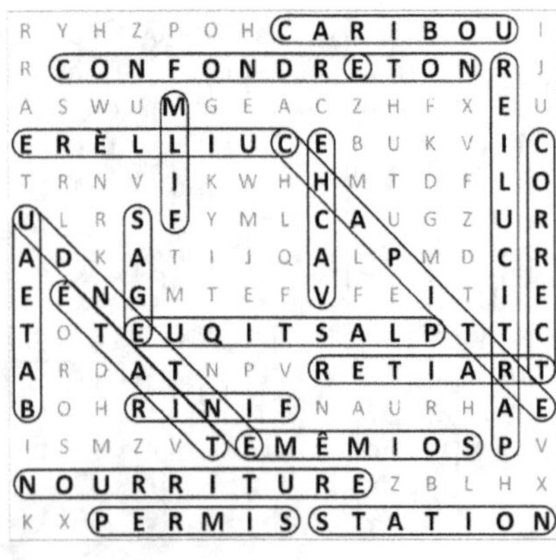

Puzzle 17

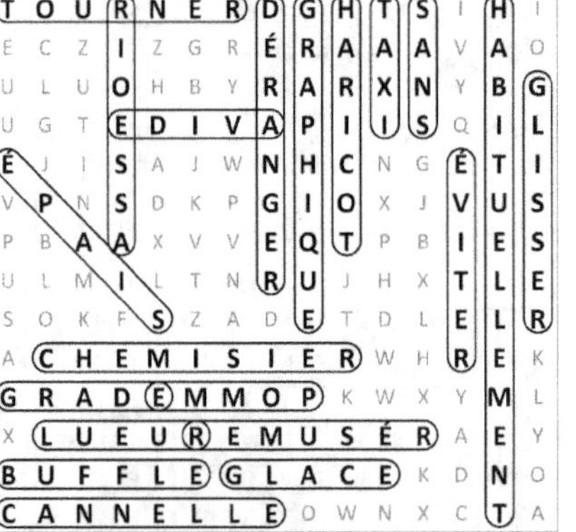

Puzzle 18

Puzzle 19

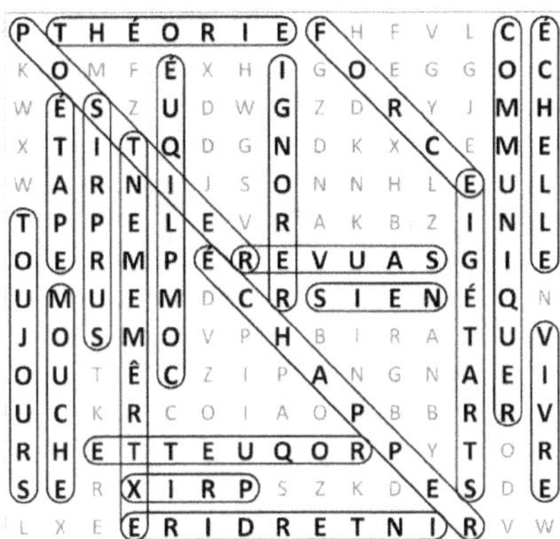

Puzzle 20

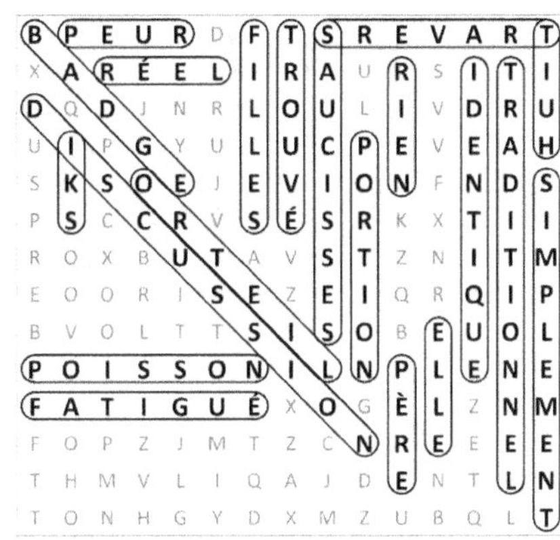

Puzzle 21

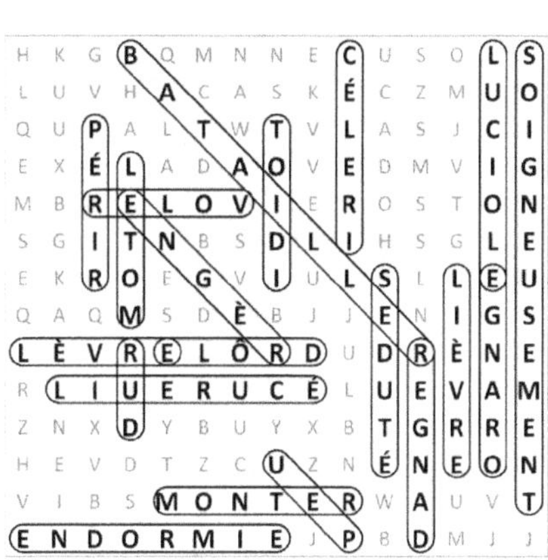

Puzzle 22

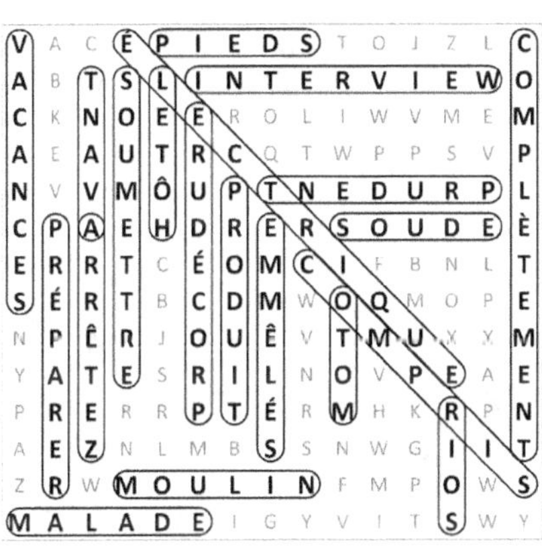

Puzzle 23

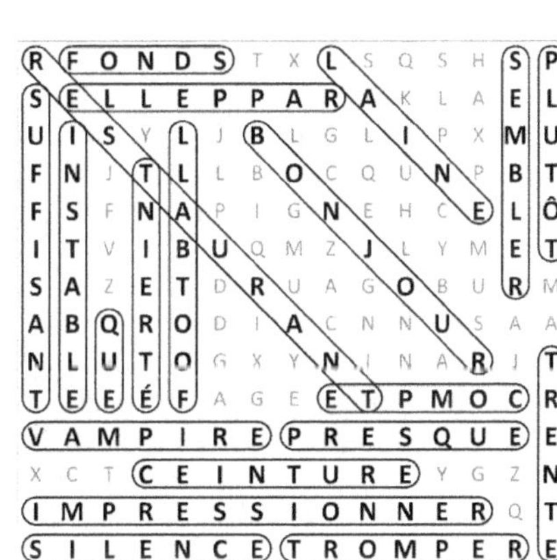

Puzzle 24

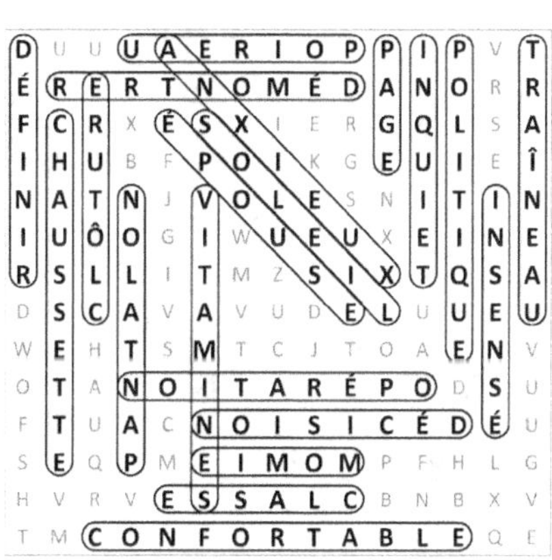

Puzzle 25

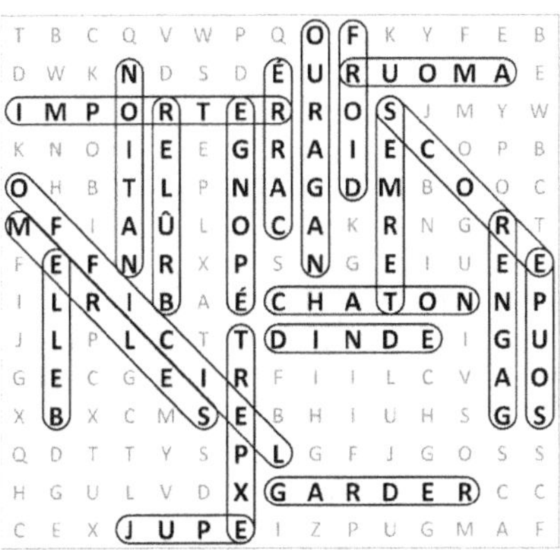

Puzzle 26

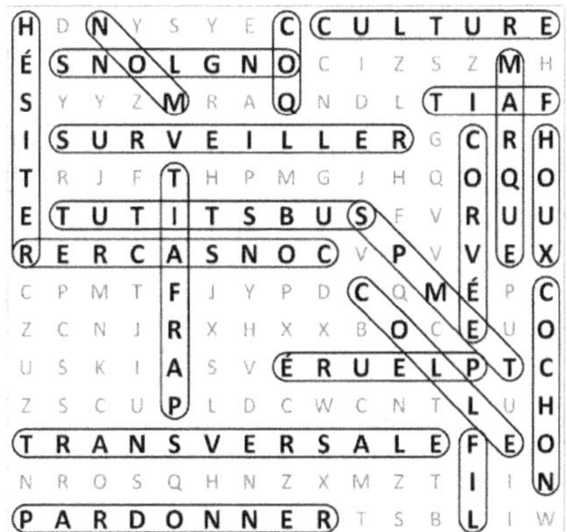

Puzzle 27

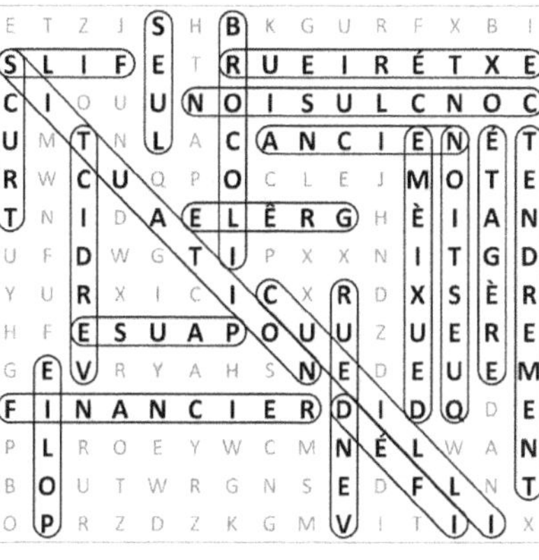

Puzzle 28

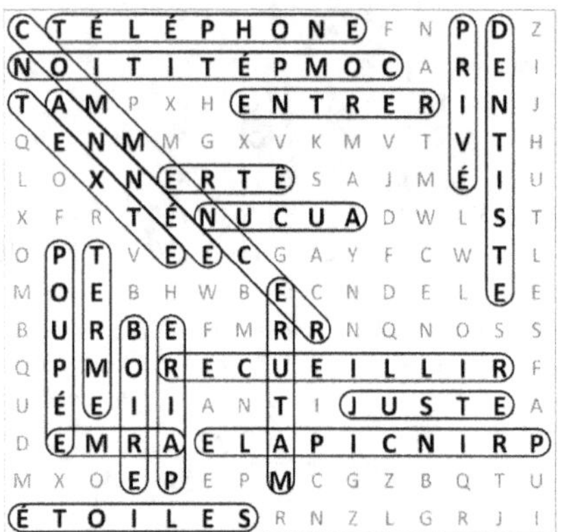

Puzzle 29

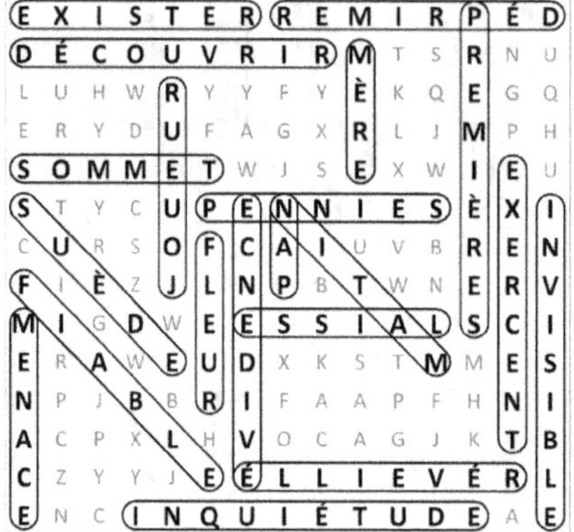

Puzzle 30

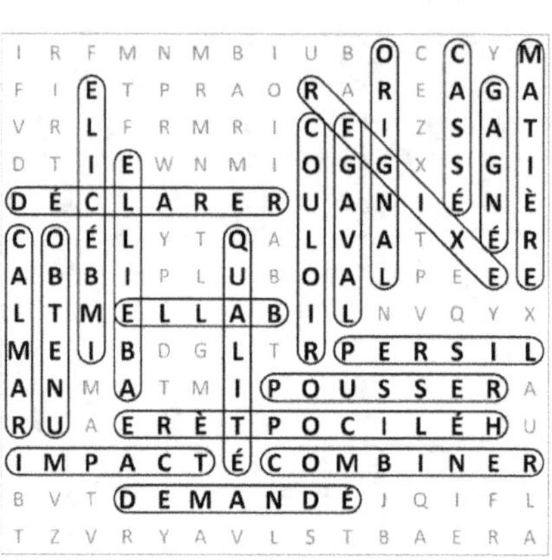

Puzzle 31

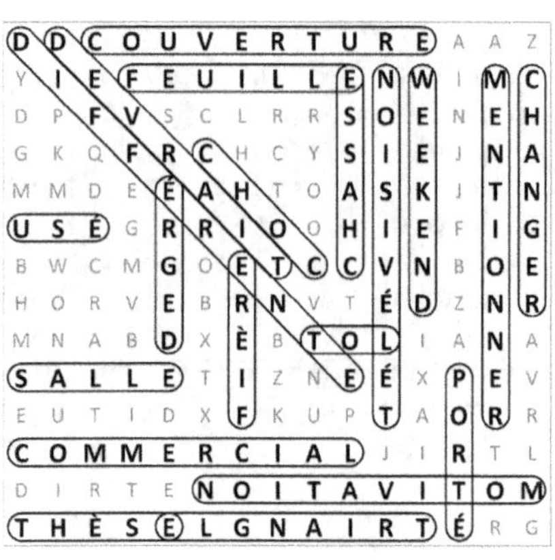

Puzzle 32

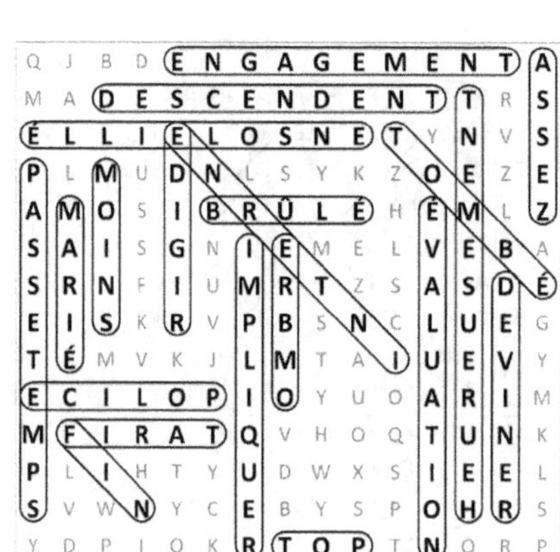

Puzzle 33

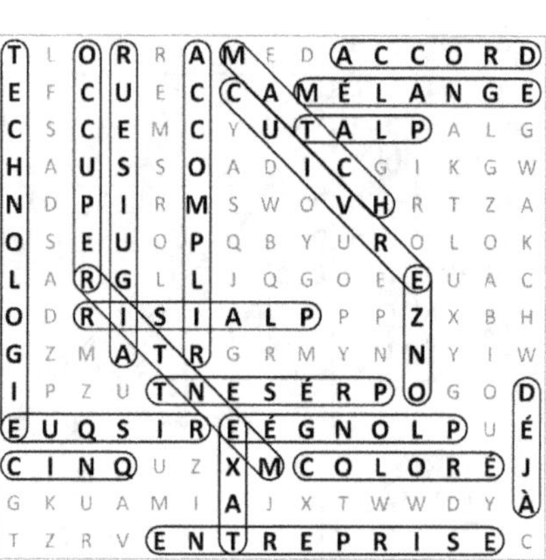

Puzzle 34

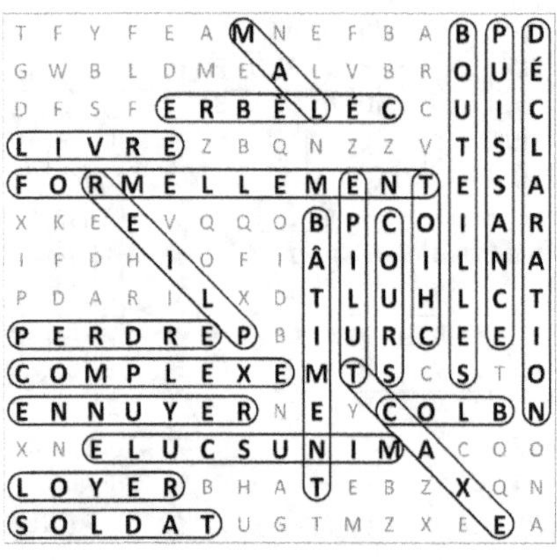

Puzzle 35

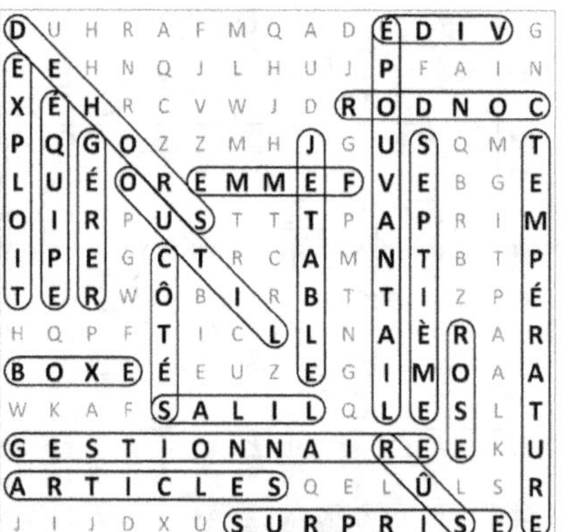

Puzzle 36

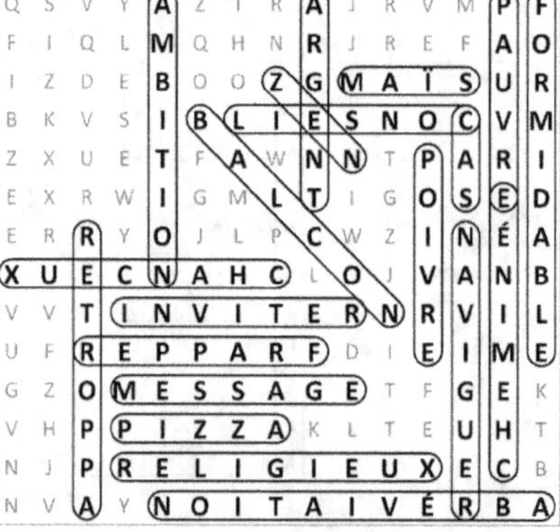

Puzzle 37

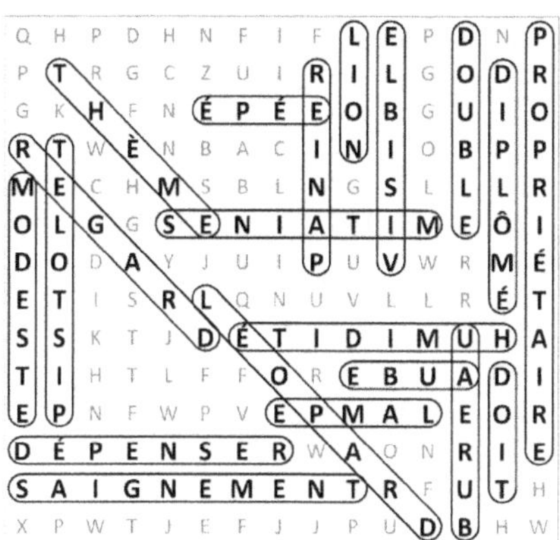

Puzzle 38

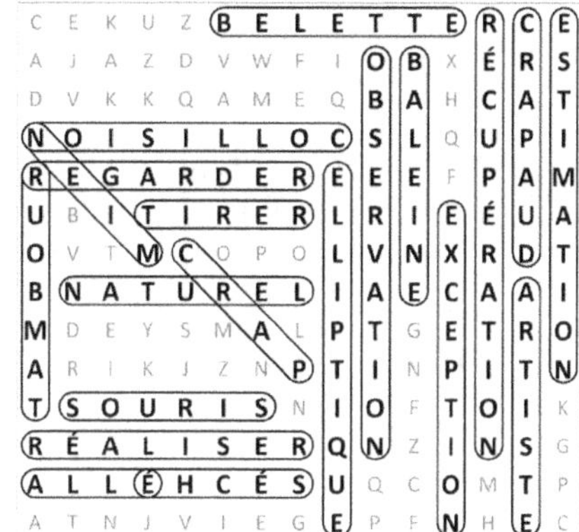

Puzzle 39

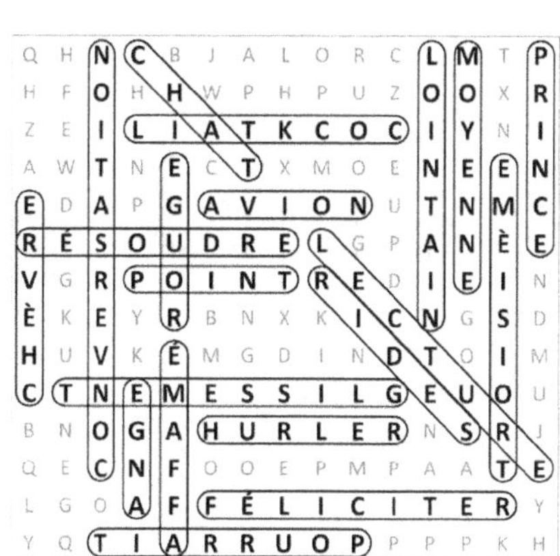

Puzzle 40

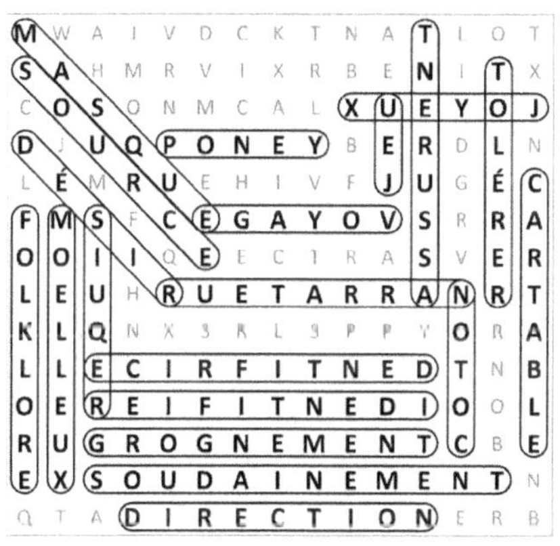

Puzzle 41

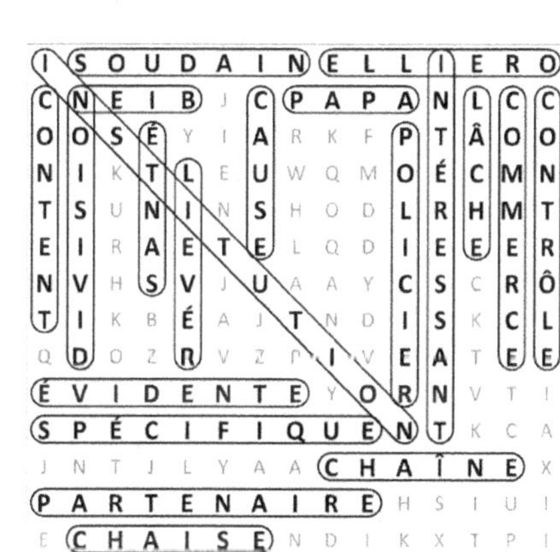

Puzzle 42

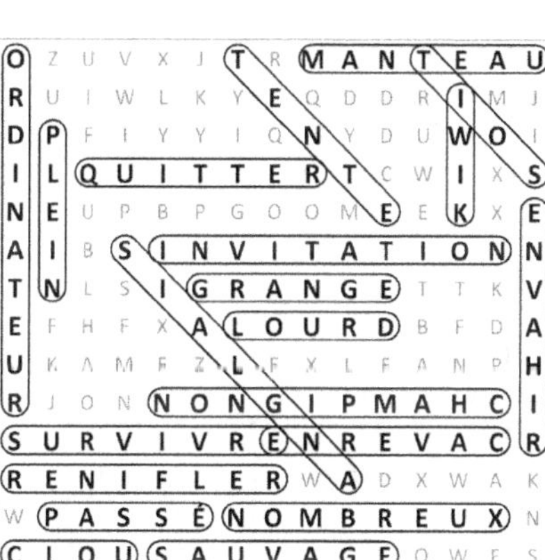

Puzzle 43

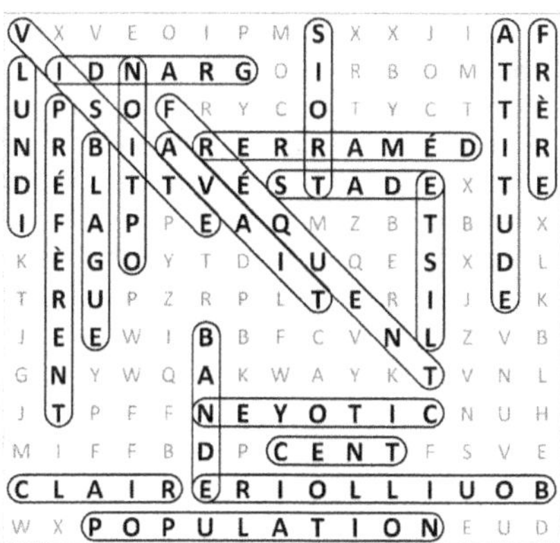

Puzzle 44

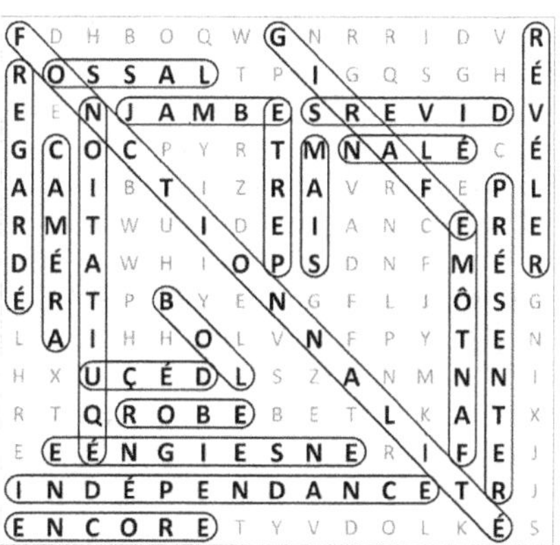

Puzzle 45

Puzzle 46

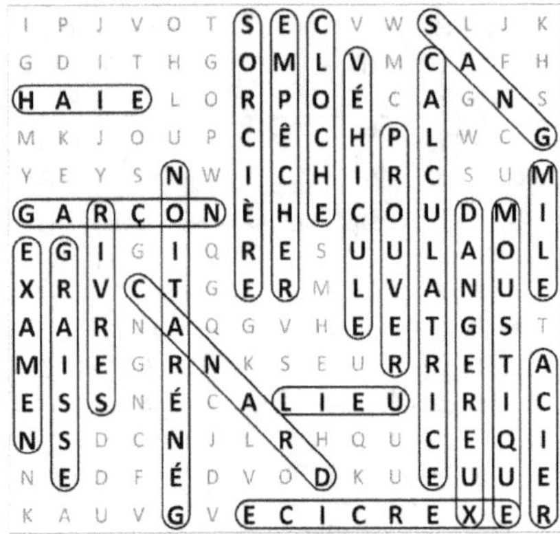

Puzzle 47

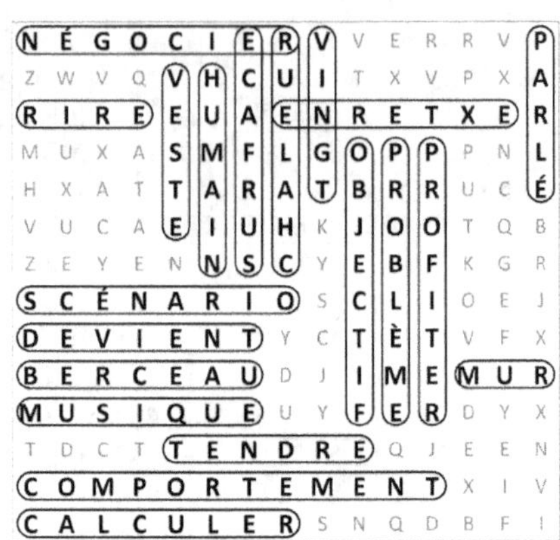

Puzzle 48

Puzzle 49

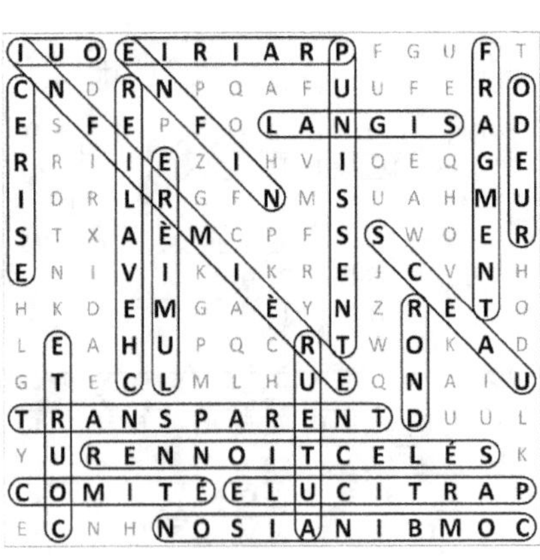

Puzzle 50

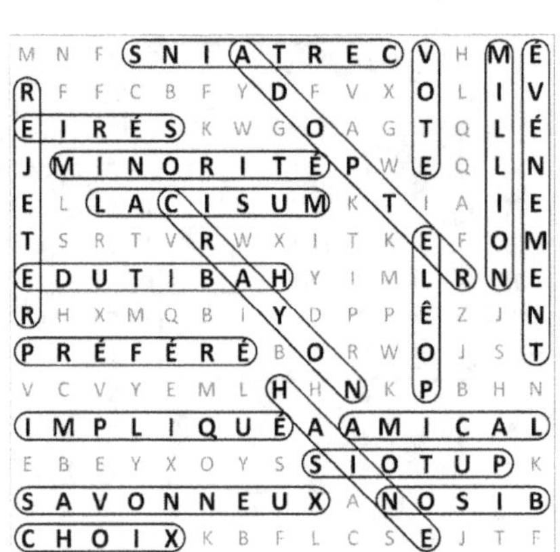

Puzzle 51

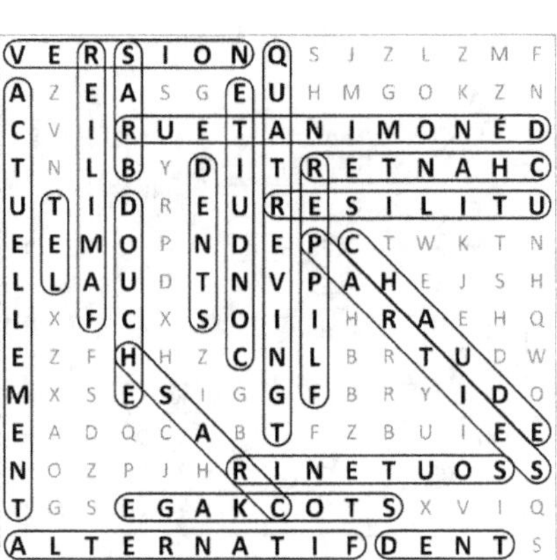

Puzzle 52

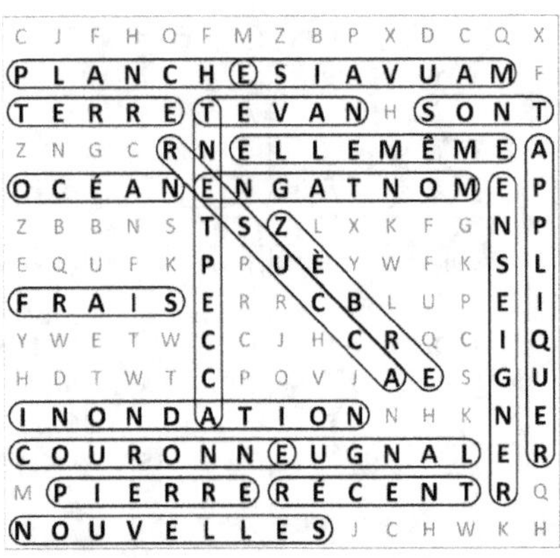

Puzzle 53

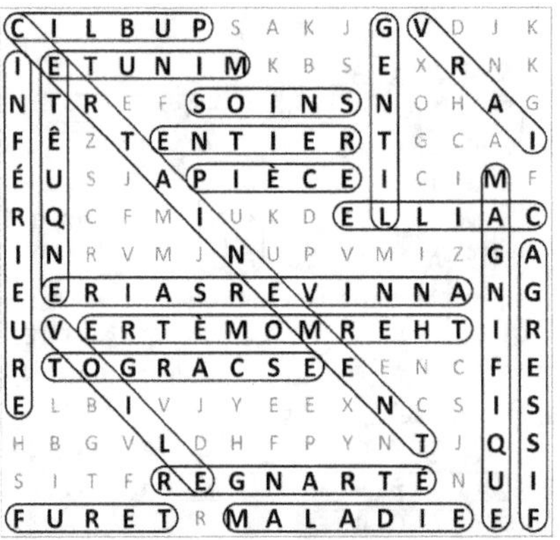

Puzzle 54

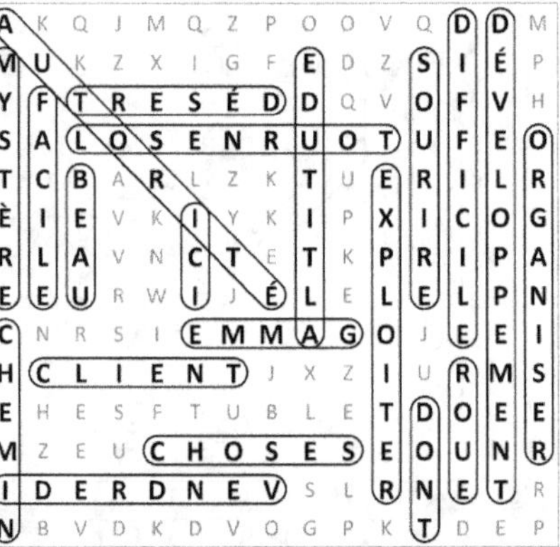

Puzzle 55

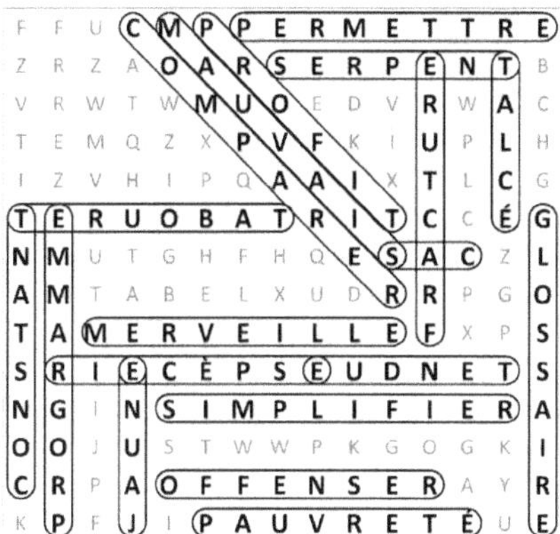

Puzzle 56

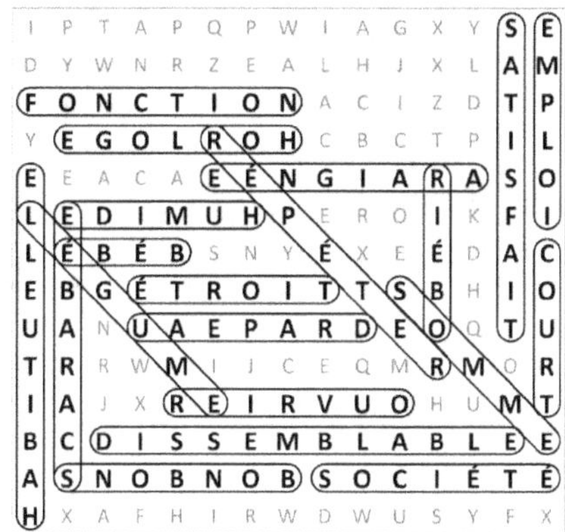

Puzzle 57

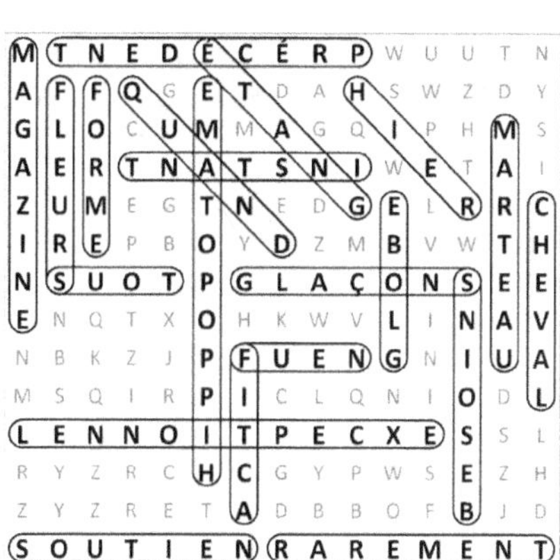

Puzzle 58

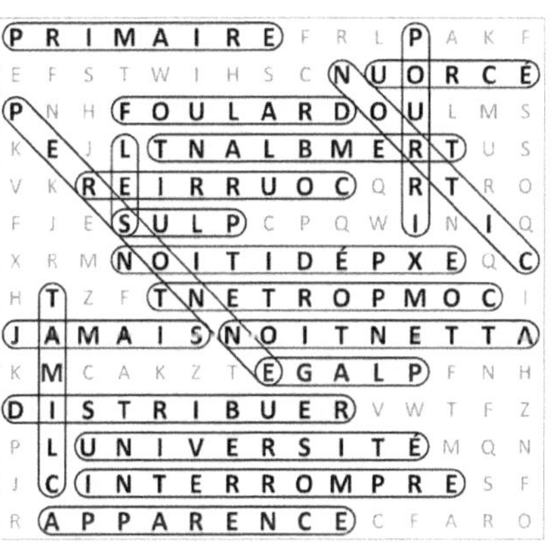

Puzzle 59

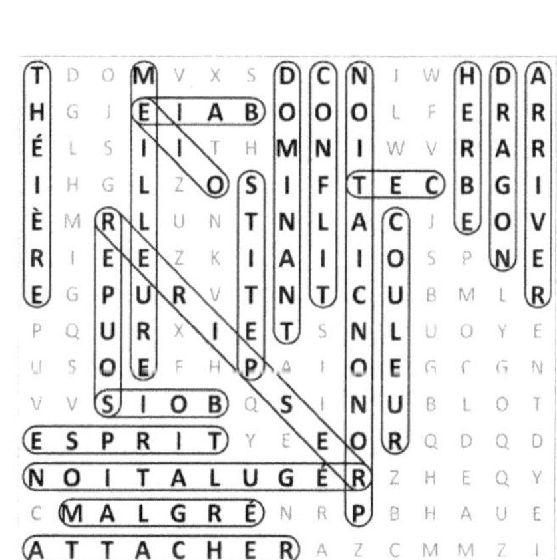

Puzzle 60

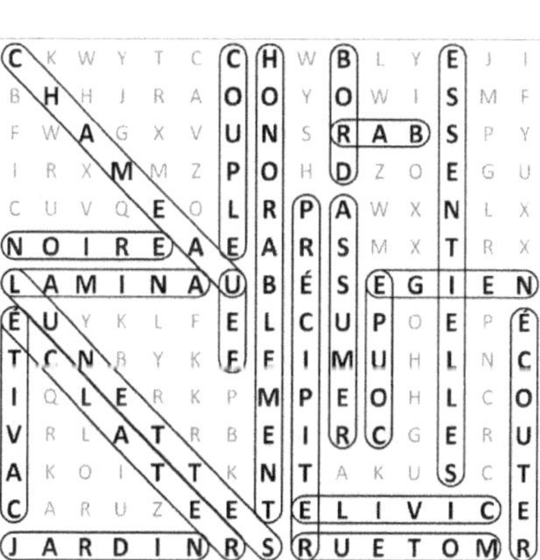

Puzzle 61

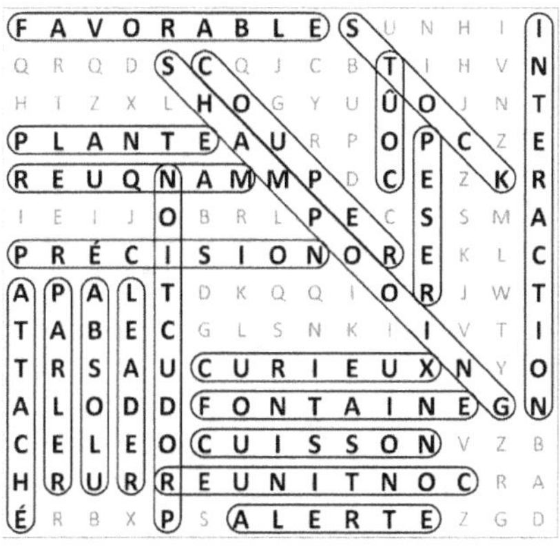

Puzzle 62

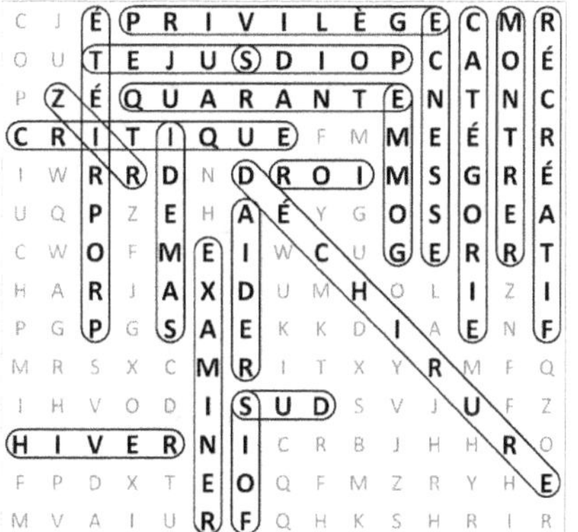

Puzzle 63

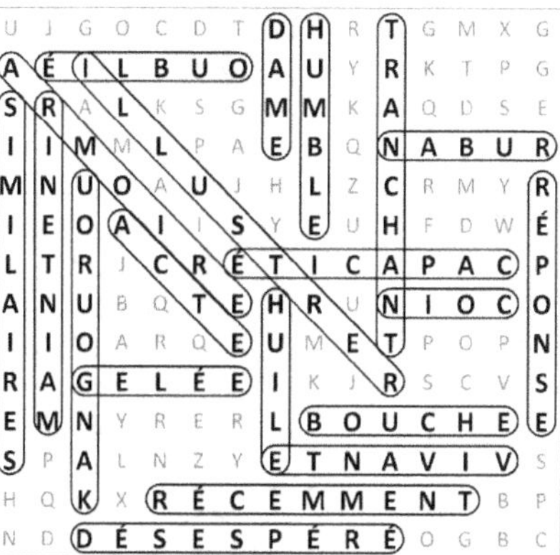

Puzzle 64

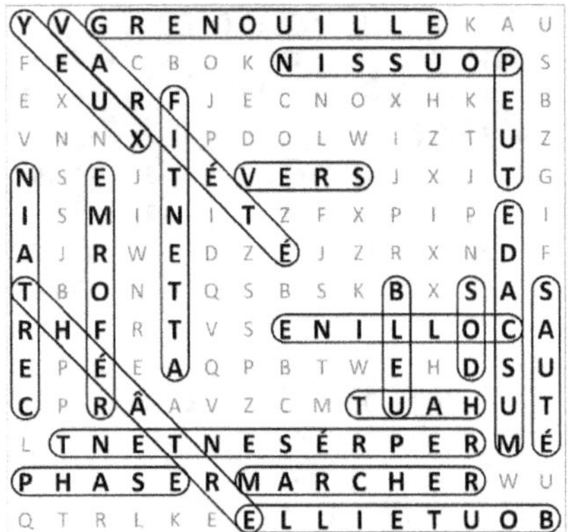

Puzzle 65

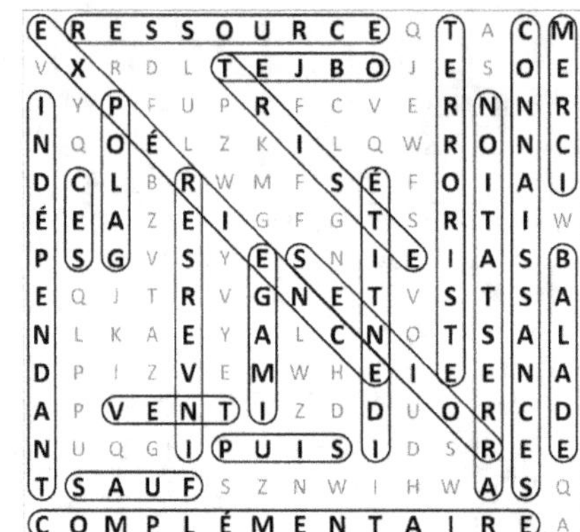

Puzzle 66

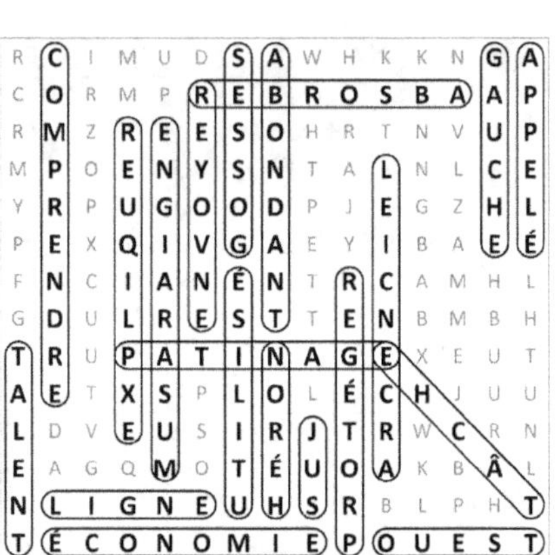

Puzzle 67

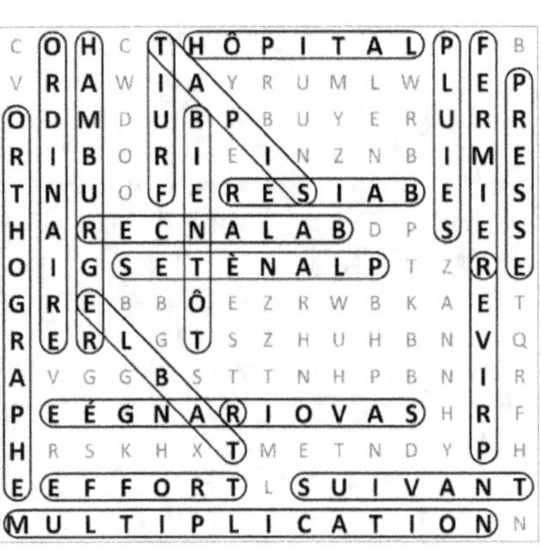

Puzzle 68

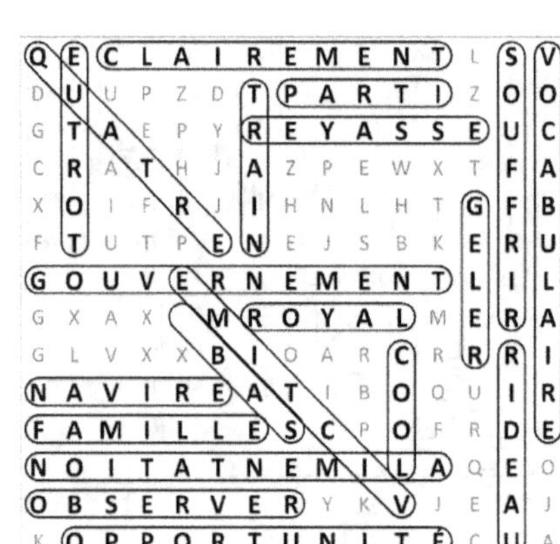

Puzzle 69

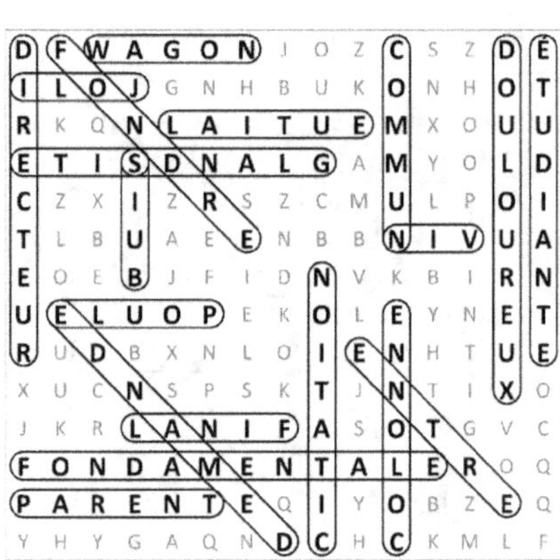

Puzzle 70

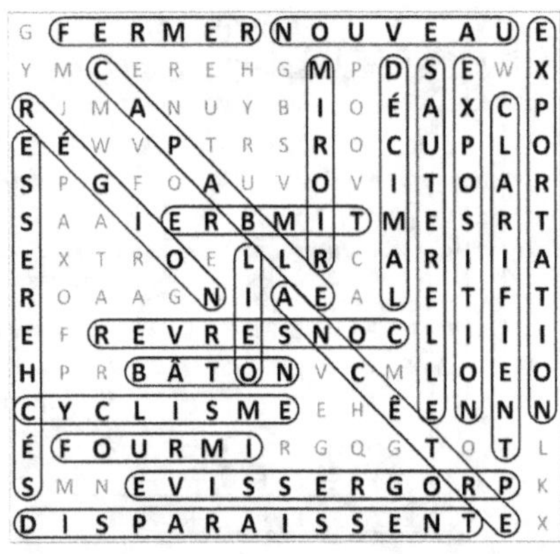

Puzzle 71

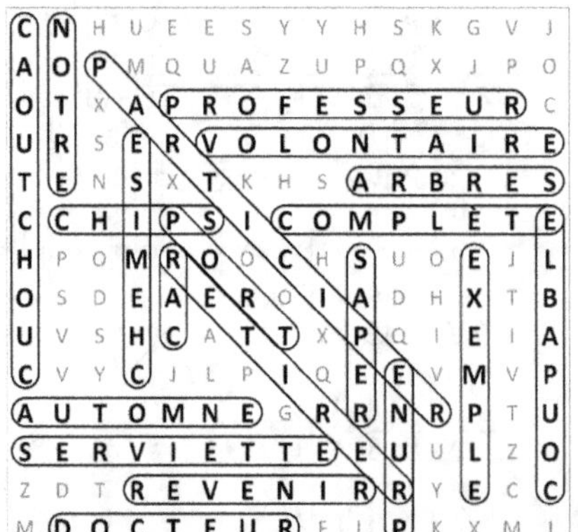

Puzzle 72

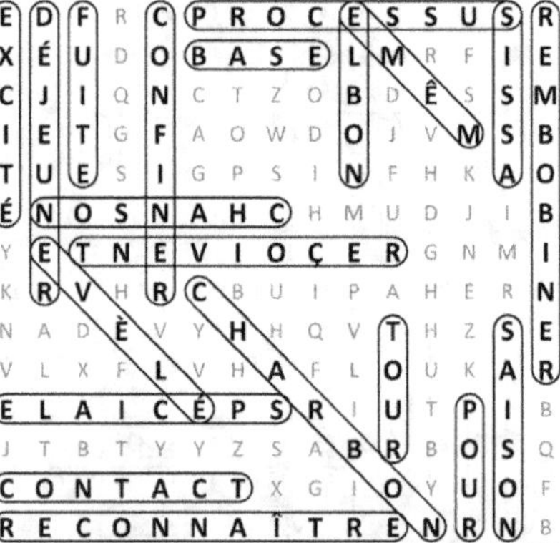

Puzzle 73

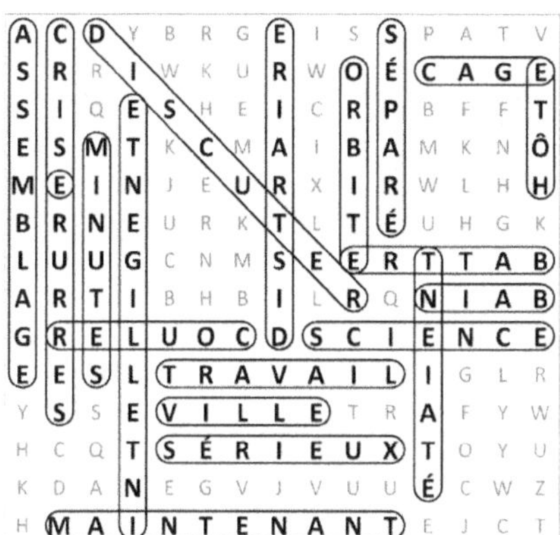

Puzzle 74

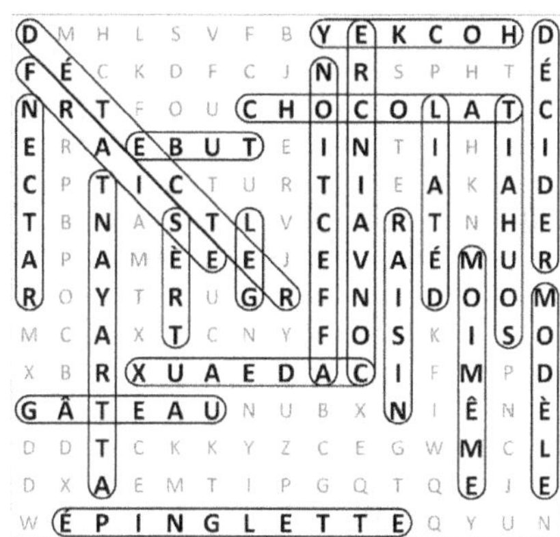

Puzzle 75

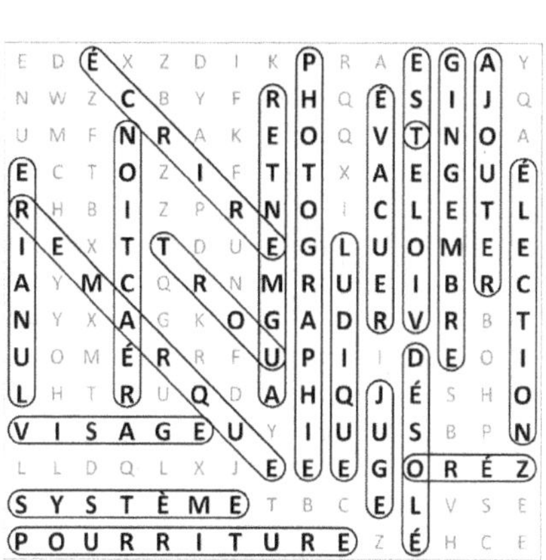

Puzzle 76

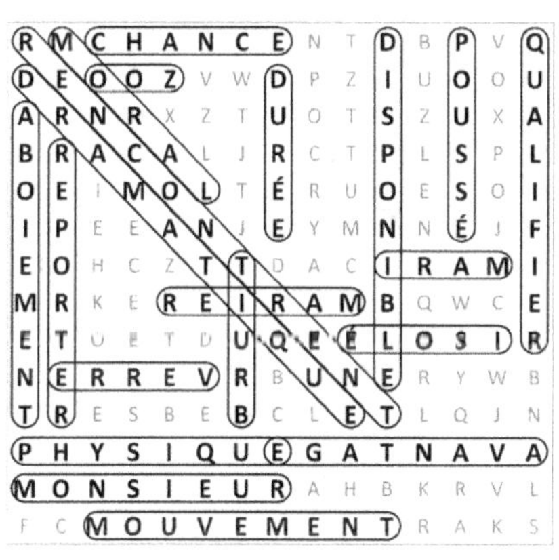

Puzzle 77

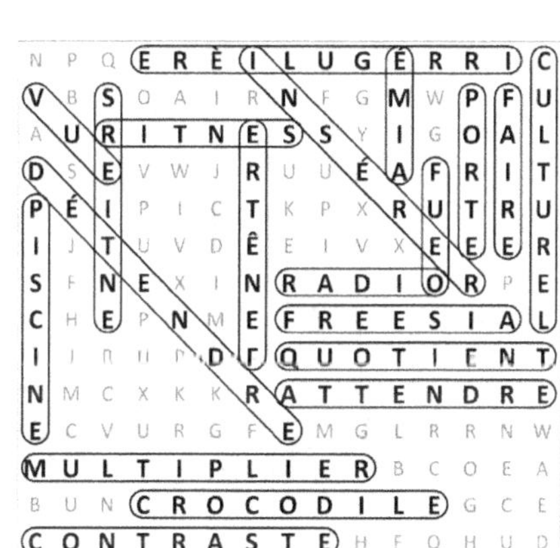

Puzzle 78

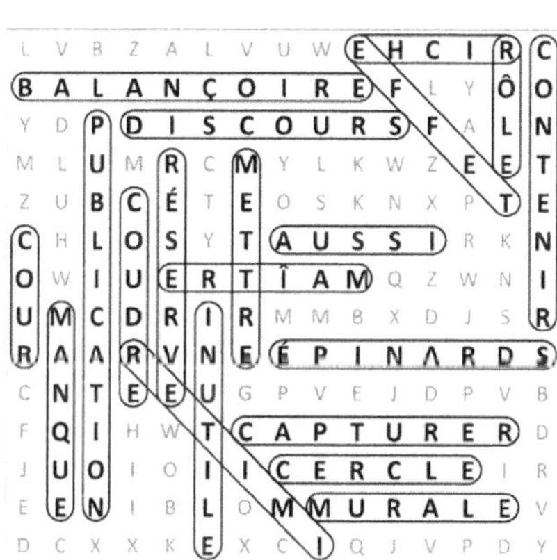

Puzzle 79

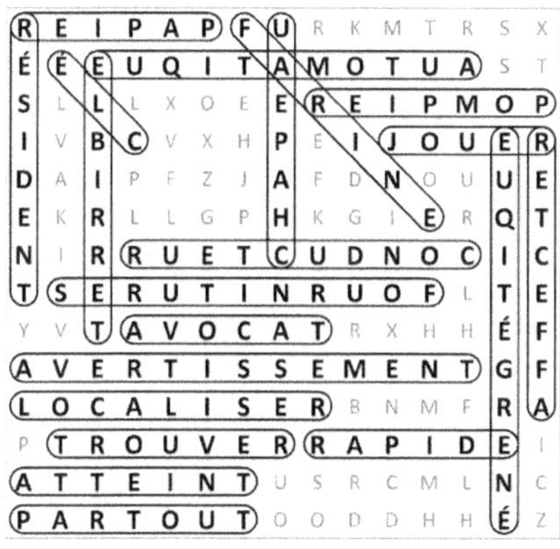

Puzzle 80

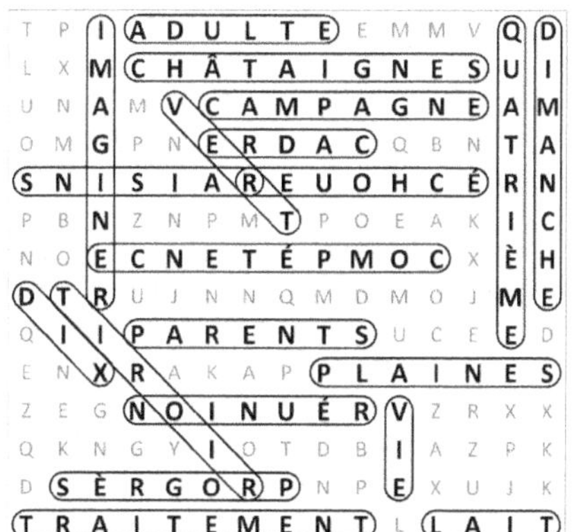

Puzzle 81

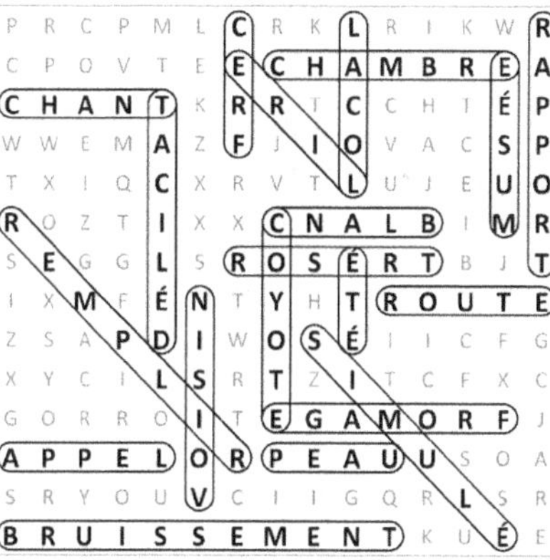

Puzzle 82

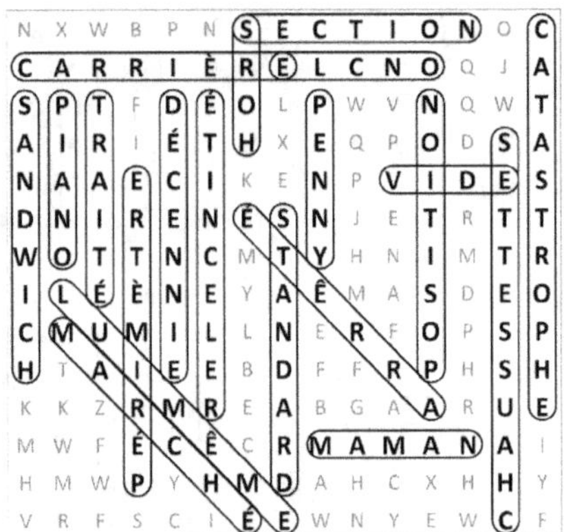

Puzzle 83

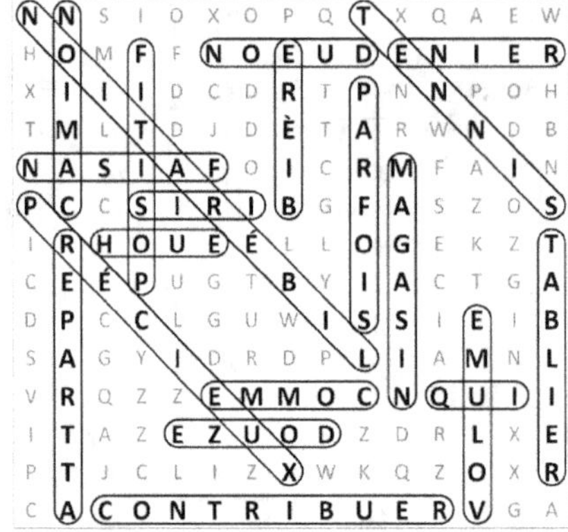

Puzzle 84

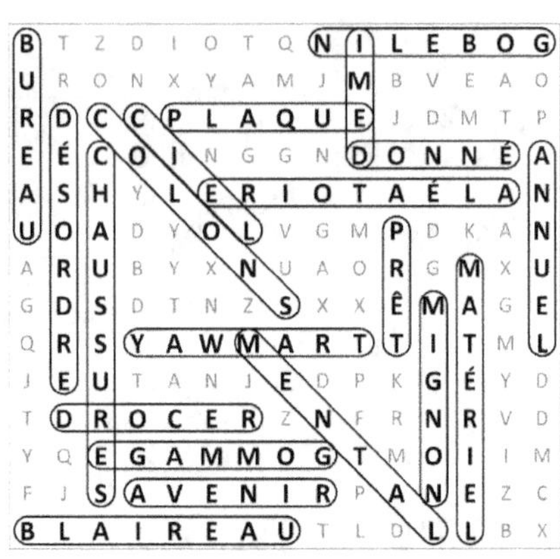

Puzzle 85

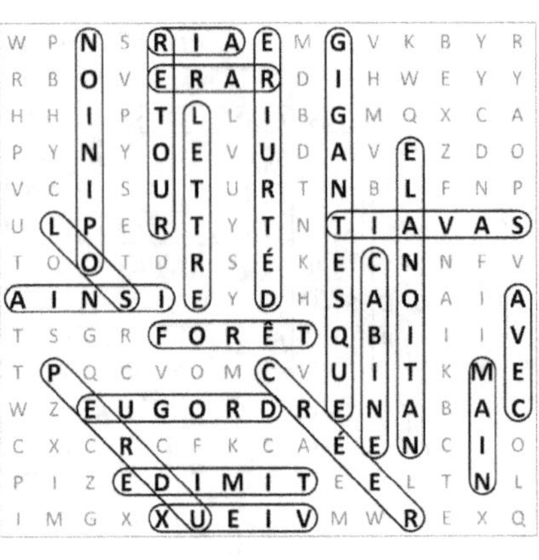

Puzzle 86

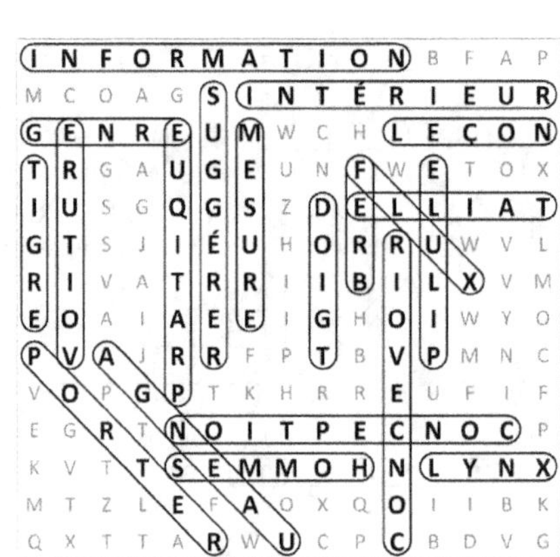

Puzzle 87

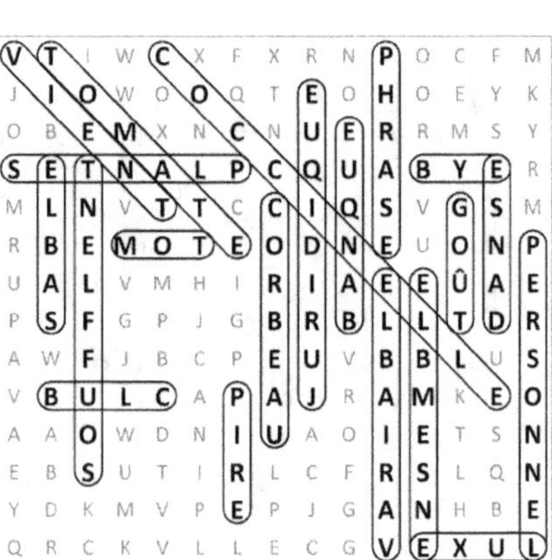

Puzzle 88

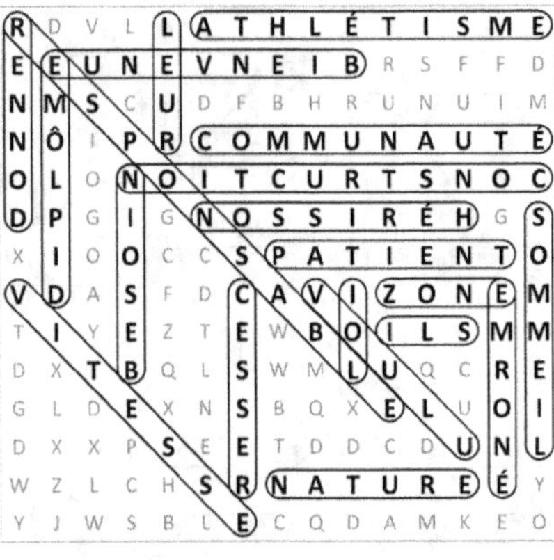

Puzzle 89

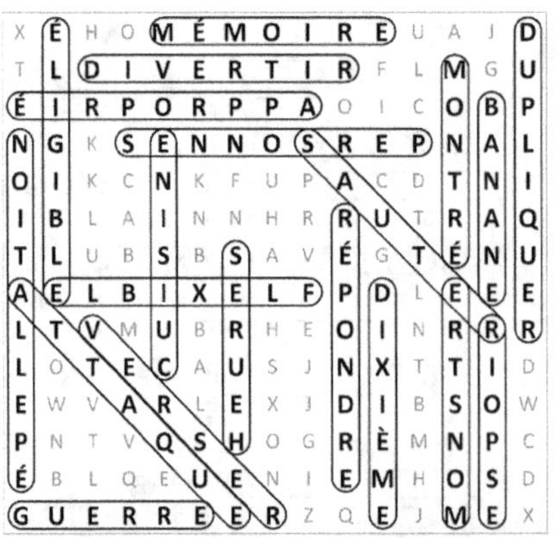

Puzzle 90

Puzzle 91

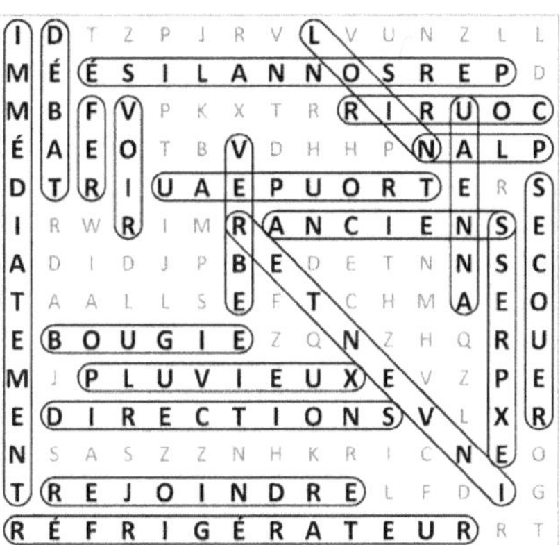

Puzzle 92

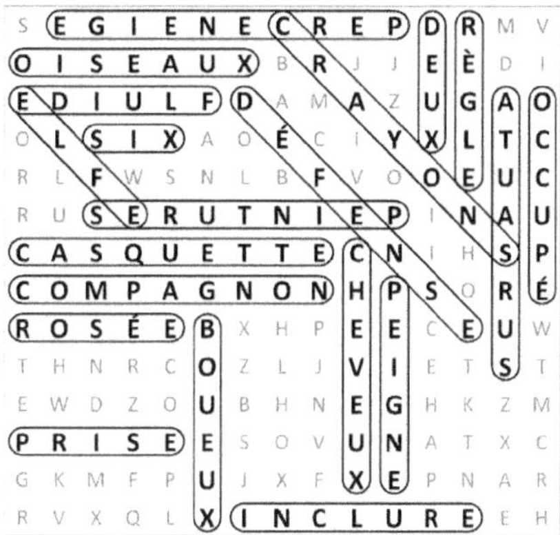

Puzzle 93

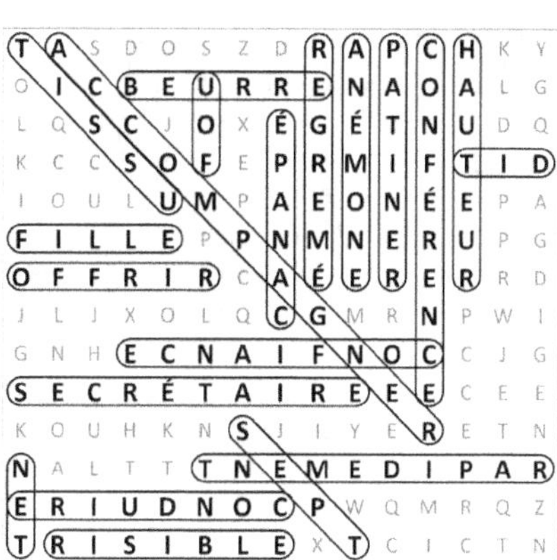

Puzzle 94

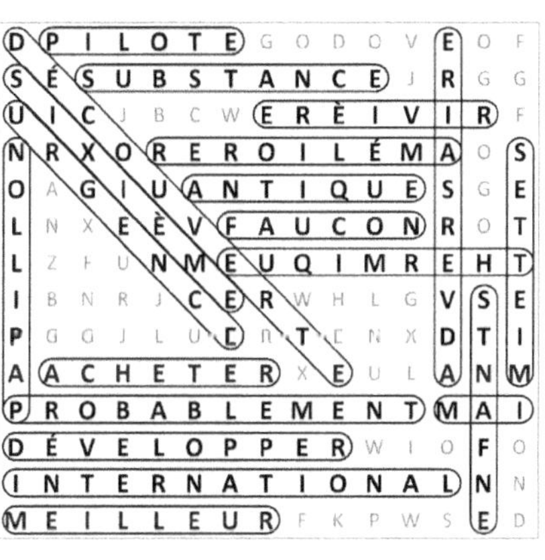

Puzzle 95

Puzzle 96

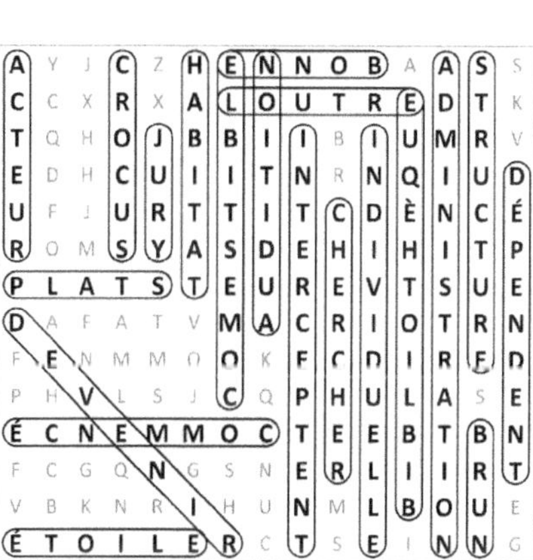

Puzzle 97

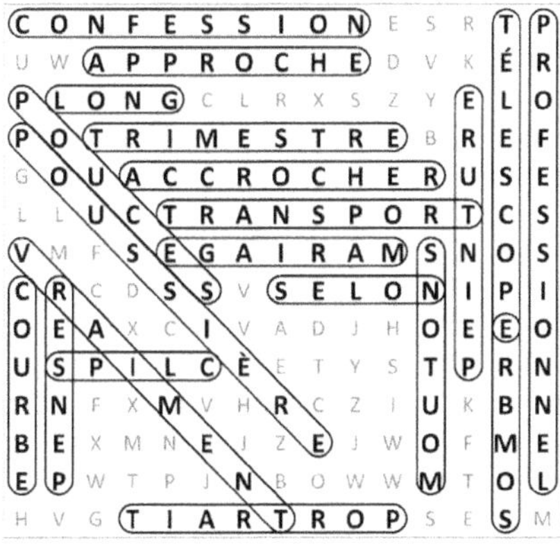

Puzzle 98

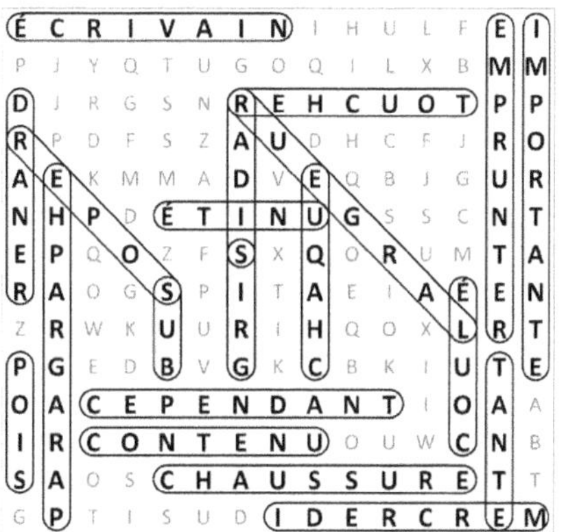

Puzzle 99

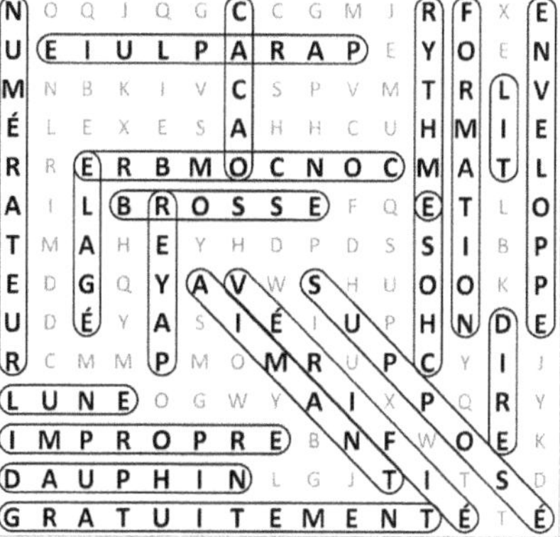

Puzzle 100

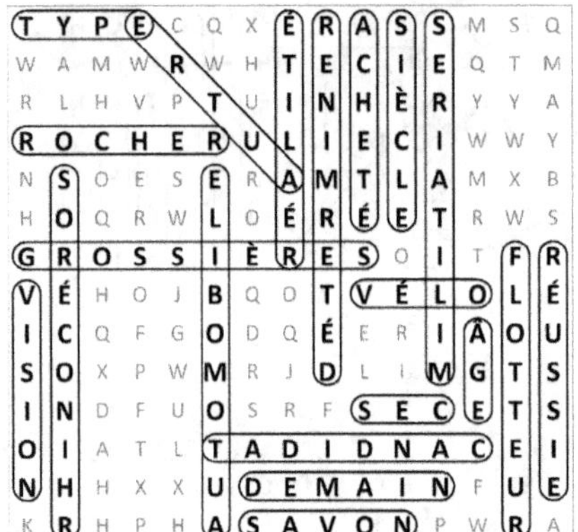

Congratulations

You made it!

We hope you enjoyed this book as much as we enjoyed making it. We do our best to make high quality games.

These puzzles are designed in a clever way to actively spark the brain and make it sharp and quick!
Did you love them?

A Simple Request

Our books exist thanks to the reviews you post on Amazon. Could you help us by leaving a review now?

Here is a short link which will take you to your Amazon orders review page.

BestBooksActivity.com/Review50

MONSTER CHALLENGE!

Challenge #1

Ready for Your Bonus Game? We use them all the time but they are not so easy to find. Here are **Synonyms**!

Note 5 words you discovered in each of the Puzzles noted below (#21, #36, #76) and try to find 2 synonyms for each word.

Note 5 Words from *Puzzle 21*

Words	Synonym 1	Synonym 2

Note 5 Words from *Puzzle 36*

Words	Synonym 1	Synonym 2

Note 5 Words from *Puzzle 76*

Words	Synonym 1	Synonym 2

Challenge #2

Now that you are warmed-up, note 5 words you discovered in each Puzzle noted below (#9, #17, #25) and try to find 2 antonyms for each word. How many lines can you do in 20 minutes?

Note 5 Words from **Puzzle 9**

Words	Antonym 1	Antonym 2

Note 5 Words from **Puzzle 17**

Words	Antonym 1	Antonym 2

Note 5 Words from **Puzzle 25**

Words	Antonym 1	Antonym 2

Challenge #3

Wonderful, this monster   challenge is nothing to you!

Ready for the last one? Choose your 10 favorite words discovered in any of the Puzzles and note them below.

1.	6.
2.	7.
3.	8.
4.	9.
5.	10.

Now, using these words and within a maximum of six sentences, your challenge is to compose a text about a person, animal or place that you love!

Tip: You can use the last blank page of this book as a draft!

Your Writing:

Explore a Unique Store
Set Up **FOR YOU!**

BestActivityBooks.com/**TheStore**

Designed for **Entertainment**!

Light Up Your Brain With Unique **Gift Ideas**.

Access **Surprising** And **Essential Supplies**!

CHECK OUT OUR MONTHLY SELECTION NOW!

- Expertly Crafted Products -

NOTEBOOK:

SEE YOU SOON!

Delta Classics Team

ENJOY
FREE
GAMES
NOW ON
BESTACTIVITYBOOKS.COM/FREEGAMES

www.ingramcontent.com/pod-product-compliance
Lightning Source LLC
LaVergne TN
LVHW060258200726
843507LV00009B/1139